SV

Nachdem Carlo Strenger in *Zivilisierte Verachtung* gezeigt hat, weshalb es westlichen Gesellschaften heute oft schwerfällt, ihre Werte selbstbewusst zu verteidigen, wendet er sich in seinem neuen Buch der subjektiven Seite dieser Verunsicherung zu: Warum leiden so viele Menschen unter Depressionen und einer erdrückenden Angst vor dem Scheitern? Warum boomen Heilslehren, die uns den Weg zum wahren Selbst weisen wollen?

All das hat laut Strenger damit zu tun, dass es sich bei der Idee, es gäbe so etwas wie ein Grundrecht auf müheloses Glück, um einen Mythos handelt. Ausgehend von Denkern wie Freud, legt er dar, dass früher die Überzeugung vorherrschte, Konflikte und Scheitern gehörten zur menschlichen Natur. Daher, so schließt er aus den Werken von Künstlern wie Egon Schiele oder Paul Thomas Anderson, müssen wir wieder lernen, dass Freiheit ein lebenslanges Abenteuer ist: riskant, aber zugleich viel interessanter, als uns die Massenkultur weismachen will.

Carlo Strenger, in der Schweiz geboren und aufgewachsen, ist Professor der Psychologie an der Universität Tel Aviv. Er hat zahlreiche Bücher veröffentlicht und schreibt regelmäßig für Israels führende liberale Zeitung *Haaretz*. In der edition suhrkamp erschien zuletzt sein Essay *Zivilisierte Verachtung. Eine Anleitung zur Verteidigung unserer Freiheit*.

Carlo Strenger

Abenteuer Freiheit

Ein Wegweiser für unsichere Zeiten

Suhrkamp

2. Auflage 2017

Erste Auflage 2017
edition suhrkamp
Sonderdruck
Originalausgabe

Umschlagabbildung: Eugène Delacroix,
Die Freiheit führt das Volk (1830),
Öl auf Leinwand, Musée du Louvre, Paris
Druck: Druckhaus Nomos, Sinzheim
Umschlag gestaltet nach einem Konzept
von Willy Fleckhaus: Rolf Staudt
Printed in Germany
ISBN 978-3-518-07144-1

Inhalt

Vorwort

Ist die westliche Kultur noch zu retten?

Ein Abend in einem der zahllosen Multiplex-Kinos, die in den letzten Jahrzehnten aus dem Boden geschossen sind, kann einen leicht auf den Gedanken bringen, der Westen sei hoffnungslos verloren – und der Rettung vielleicht gar nicht wert. Überlebensgroße Plastikfiguren von Filmstars, Fantasy-Helden wie Batman oder Shrek und Fastfood-Stände säumen die endlosen Korridore. Der Duft von Popcorn verleitet Hunderte dazu, riesige Packungen zu kaufen, bevor sie in den Kinosaal strömen, wo erst einmal zwanzig Minuten lang nur Werbung und Trailer laufen. Und nach dem Film fragt man sich dann meist, warum Dutzende Millionen für Effekte verpulvert wurden, die eigentlich nur verbergen, dass das Drehbuch der reine Humbug ist, trivial und voller logischer Fehler. In solchen Momenten liegt der Schluss nahe, die westliche Konsumgesellschaft sei dem Untergang geweiht. Kein Mensch, dem etwas an Kultur liege, könne ernsthaft ihr Ende – ob nun durch eine ökologische Katastrophe oder eine Serie von Terroranschlägen – betrauern. Ähnliche Gedanken mögen einem in den Shopping Malls, den Kathedralen des Konsums, durch den Kopf schießen oder wenn Apple mal wieder ein neues iPhone auf den Markt bringt und Tausende Jünger die ganze Nacht in der Kälte ausharren, als erwarteten sie die Wiederkunft Christi. Und tatsächlich mangelt es nicht an Schriftstellern und Intellektuellen wie Michel Houellebecq, David Foster Wallace oder John Gray, die den Untergang des Westens nicht nur voraussagen, sondern beinahe herbeisehnen.

In diesem Essay möchte ich eine Diagnose für diese Malaise

des Westens anbieten. Die größte Leistung der westlichen Moderne besteht darin, es den Individuen ermöglicht zu haben, ihr Leben frei nach bestem Wissen und Gewissen zu gestalten, und ihnen ein breites Spektrum von Lebensformen und -stilen zur Verfügung zu stellen.

Diese Verwöhn- und Konsummentalität ist das Resultat einer höchst unwahrscheinlichen historischen Periode. Nach dem Ende des Zweiten Weltkriegs genoss der Westen Jahrzehnte des wirtschaftlichen Wachstums und des technologischen Fortschritts, wie es sie in der menschlichen Geschichte nie zuvor gegeben hatte. In dieser Zeit sind drei Generationen herangewachsen, deren Angehörige die freiheitliche Ordnung als gegeben voraussetzen. Glück halten sie für etwas, auf das jeder Einzelne ein Anrecht hat, und wem es verwehrt wird, der wendet sich mit der Forderung nach einem besseren Leben an die Eltern oder »die Gesellschaft«. Und wenn schon kein neues Leben zu haben ist, so erwartet man zumindest, dass die Pharmakologie und die Medizin das Unglück, das von diesen Mängeln verursacht wird, heilen oder doch wenigstens mildern.

Eine der Grundthesen dieses Essays ist, dass diese Konsummentalität und der Mangel an bürgerlicher Verantwortung auf einen Mythos zurückzuführen sind, der von Jean-Jacques Rousseau am prägnantesten formuliert wurde: Die Menschen seien frei geboren und doch überall in Ketten. Gemäß dieser romantischen Freiheitskonzeption[1] hat jeder Mensch ein unverdorbenes, wahres Selbst, dem nur Raum geschaffen werden müsse, um sein volles Potenzial auszuschöpfen. Rousseau ging davon aus, dass Menschen zu verantwortlichen, moralischen und freien Subjekten würden, wenn sie nur nicht von der Gesellschaft verdorben würden. Dieser Mythos des wahren Selbst, das angeblich in uns allen schlummert, hat die westliche Welt vor allem seit den 1960er Jahren entscheidend geprägt (einige Neuformulierungen dieses Mythos in der modernen Populärpsychologie werde ich unten ausführlicher behandeln).

Dem rousseauschen Mythos steht eine Position gegenüber, die seit der klassischen griechischen Philosophie in verschiedenen Varianten vertreten wurde: Freiheit als eine Errungenschaft, für die Menschen lebenslang hart arbeiten müssten.[2] Die Disziplin, die eigene Natur zu verstehen, einzusehen, welche unserer Begierden notwendig sind und welche uns nur unfrei machen, müsse täglich trainiert werden und sei deshalb nur den wenigen zugänglich, die die Muße für diese Arbeit haben – und die dazu den Willen aufbringen. Diese Position wurde in der Renaissance von Montaigne in seinen berühmten Essais wiederaufgenommen und von Spinoza zu einem philosophischen System entwickelt. Sigmund Freud war der Denker, der diese klassische Freiheitskonzeption[3] in der Sprache der modernen Naturwissenschaften neu formulierte und das geistige Training in der Psychoanalyse zu einer therapeutischen Praxis entwickelte. Wie ich im zweiten Teil dieses Essays zeigen werde, sind Freuds spezifische Thesen zwar von den modernen kognitiven Neurowissenschaften verworfen worden – nicht aber seine Grundposition, Freiheit und Glück seien keine Geburtsrechte. Wirkliche Freiheit sei bestenfalls eine Errungenschaft, die nur durch harte Arbeit erworben werden könne, eine These die auch ich hier vertreten werde. Gemäß dieser Auffassung sind persönliche und politische Freiheit überaus komplexe kulturelle Schöpfungen, die an die Mitglieder freier Gesellschaften hohe Ansprüche stellen. Die Dynamik des Erwachsenwerdens besteht darin, dass wir für uns selbst immer mehr Verantwortung übernehmen müssen und dass uns immer seltener, wenn überhaupt, vorgeschrieben wird, was wir zu tun haben, so dass unsere Freiheit zunimmt. Wir wählen unsere Verpflichtungen und den Grad, in dem wir ihnen nachkommen wollen, ob nun im persönlichen, gesellschaftlichen, beruflichen oder öffentlichen Bereich.

Dies ist auch für die klassische Position eine der wichtigsten Errungenschaften der freiheitlichen Grundordnung. Isaiah Berlin, der vielleicht bedeutendste liberale Denker des 20. Jahrhunderts, bezeichnete sie in seiner berühmten Vorlesung »Zwei Freiheitsbegriffe« als »negative Freiheit«: die Freiheit, vom Staat und von der Gesellschaft in dem, was wir tun wollen, nicht eingeschränkt zu werden.[4] Er betonte, eine Gesellschaft sei nur dann liberal, wenn die negative Freiheit nicht stärker eingeschränkt wird, als notwendig ist, damit andere nicht zu Schaden kommen und damit die Gesellschaft auch weiterhin funktioniert. Die klassische Position geht jedoch davon aus, dass negative Freiheit allein nicht genügt; um wirklich frei zu sein, benötigten die Menschen auch das, was Berlin »positive Freiheit« nennt. Wo negative Freiheit als Freiheit von äußeren Zwängen definiert ist, besteht die positive darin, dass wir wirklich autonom sind. Wahre Selbstbestimmung erfordert Vernunft, Wissen und Disziplin: Mit negativer Freiheit ist durchaus vereinbar, dass wir zu Sklaven unserer Leidenschaften, Begierden oder auch äußerer Manipulation werden. Der Begriff der positiven Freiheit hingegen gibt einer starken menschlichen Intuition Ausdruck: Wahrhaft frei sind wir nur dann, wenn wir die negative Freiheit mit Inhalten füllen, für die wir uns bewusst entschieden haben. Deswegen betrachten wir es auch als unsere Pflicht, Kinder zu erziehen und sie daran zu hindern, Dinge zu tun, die ihnen schaden könnten. Und deswegen sind wir der Ansicht, dass Personen erst ab einem Alter mündig sind, in dem wirkliche Autonomie vorausgesetzt werden kann.

Isaiah Berlin betonte die große Gefahr des Missbrauchs des positiven Freiheitsbegriffs durch totalitäre Regimes. Die Geschichte des Kommunismus beispielsweise hat gezeigt, dass ein Regime behaupten kann, ganze Bevölkerungsschichten wie die Bourgeoisie seien nicht wirklich frei, da sie im »falschen Bewusstsein« lebten. Entsprechend müssten sie von der allwissenden Partei »neu erzogen« werden. Isaiah Berlins Mahnung, den positiven Freiheitsbegriff nicht zu missbrauchen, ist zweifellos nach wie vor relevant. Und doch zeigen die Zerfallsphänomene der freien Welt (die flache Konsummentalität oder der Umstand, dass viele Bürger darauf verzichten, sich politisch zu informieren), dass der Begriff der positiven Freiheit gerade heute eine wichtige politische Funktion hat. Wie wir sehen werden, sind sich viele Kulturkritiker darin einig, dass ein großer Teil der Bürger der freien Welt ihre Freiheit nicht ernst nimmt und nicht bereit ist, für die eigenen Ansichten und die politische Ordnung einzustehen.

Die Vertreter der klassischen Freiheitskonzeption haben immer wieder dargelegt, dass Rousseaus Vorstellung vom wahren Selbst nicht nur in der Annahme fehlgeht, Freiheit sei angeboren, sondern auch in der Vorstellung, das wahre Selbst sei grundsätzlich harmonisch: Wenn niemand sie in ihren Möglichkeiten beschränke, würden die Menschen wie von selbst zu den richtigen Ansichten, einer erfüllenden Lebensweise und einem dauerhaft konfliktfreien Dasein gelangen. Das ist wohl eine der tiefsten Illusionen unserer von Rousseau geprägten Kultur, und ich werde in diesem Essay die entgegengesetzte Position vertreten. Wie die großen existenzialistischen Denker der Vergangenheit bin ich der Ansicht, dass die menschliche Existenz grundsätzlich tragisch ist. Wir sind das unmögliche Tier, ein leibliches, verletzliches Wesen, das altert und irgendwann stirbt. Im Gegensatz zu allen anderen Tieren sind wir zum Bewusstsein unserer Freiheit und Endlichkeit verdammt, können mit diesem Bewusstsein aber nicht wirklich leben.

Außerdem – hier kommt Freuds Einsicht ins Spiel – ist die menschliche Natur grundlegend von unlösbaren Konflikten geprägt. Dementsprechend ist Freiheit auch in liberalen Gesellschaften kein selbstverständliches Geschenk, sondern sie setzt permanente geistige und existenzielle Arbeit voraus.

Die Moderne hat zwei Gesichter: Einerseits hat sich unsere konkrete Verletzlichkeit enorm reduziert. Dank neuer wissenschaftlicher Erkenntnisse und technischer Fortschritte ernähren wir uns gesünder, wir leben und bewegen uns in einer Umwelt, die mehr und mehr unseren physischen Bedürfnissen entspricht. Andererseits sind die metaphysischen Trostsysteme, mit denen unsere Vorfahren die existenzielle Unsicherheit und das Leid erträglich zu machen versuchten – allen voran die Religionen –, als Produkte des menschlichen Geistes und der menschlichen Vorstellungskraft entlarvt worden. Wir mögen die Schönheit der Gotteshäuser bewundern, aber ein großer Teil der Bewohner des Westens weiß – wenn auch manchmal nur am Rande des Bewusstseinsfelds –, dass der Glaube, in dessen Namen sie errichtet wurden, letztlich eine Fiktion ist. Hobbes, Kant, Nietzsche, Sartre, Foucault und viele andere haben uns schonungslos vor Augen geführt, welchen Platz wir in der Welt einnehmen und dass wir am Ende auf uns selbst gestellt sind. Wer heute noch von der absoluten Wahrheit eines dieser Trostsysteme überzeugt ist, muss schon eine gehörige Portion Selbstbetrug aufbringen.

Wie wir mit unserer neuen Freiheit umgehen, bleibt uns überlassen. Wir können den Verlust metaphysischer Gewissheiten betrauern und uns in Zeiten zurücksehnen, in denen alles noch seinen Ort hatte in einem von Gott speziell für den Menschen geschaffenen Kosmos. Wir können die Freiheit aber auch als Abenteuer erleben und die kulturellen Entwicklungen, die uns ein Bewusstsein von dieser Freiheit ermöglicht haben, sowie die zivilisatorischen Errungenschaften, die es uns erlauben, diese Freiheit in der Praxis zu leben, besser kennenlernen und zelebrieren. Doch leider ist dies alles andere als üblich. Lieber beklagen wir uns darüber, dass Freiheit schwierig ist. Mit großem Aufwand versuchen wir, die fundamentale Tragik der menschlichen Existenz zu verdrängen oder zu verleugnen. Wir investieren ungeheure Summen in die Forschung, weil wir hoffen, dass die nächste Erfindung diese Tragik endgültig zum Verschwinden bringen wird. Die Verleugnung dieser Tragik, so meine These, schwächt unsere westliche Kultur ungemein.

Dieser Essay ist ein Plädoyer dafür, der existenziellen Tragik unseres Daseins ins Auge zu sehen, das zwiespältige Geschenk der Freiheit anzunehmen und die westliche Kultur als etwas zu begreifen, das zu pflegen wir verpflichtet sind. Das sind keinesfalls neue Thesen: In den letzten Jahrhunderten haben zahlreiche Denkerinnen und Denker diese Ideen formuliert. Es scheint jedoch, als müsse sich jede Generation selbst vergegenwärtigen, was es heißt, frei zu sein, und wie schwierig Freiheit ist. In einer Kultur, die Glück und Freiheit als Grundrechte betrachtet, ist ein solcher Gedanke natürlich nicht populär; auch das humanistische Bildungsideal, das im Englischen mit dem treffenderen Titel »liberal education« bezeichnet wird, gerät zunehmend aus der Mode: Der Mythos, wir seien frei geboren, führt dazu, dass immer mehr Bewohner der westlichen Welt nicht begreifen, dass wir uns mit dem langen Prozess, der die freiheitliche Ordnung möglich gemacht hat, auseinandersetzen müssen, wenn wir die Freiheit wirklich schätzen und bewahren wollen.

Teil I

Die Illusion der Glücksberechtigung

Freiheit und Dschihad

Es gibt Momente, in denen die Bürger der westlichen Welt realisieren, dass sie in einem politischen und gesellschaftlichen System leben, für dessen Erhalt man kämpfen muss. Momente, in denen die leidigen Fragen, wer wie viel zur Finanzierung der Europäischen Union beitragen soll, wie die Staatsschuldenkrise Griechenlands bewältigt werden kann oder wie wir unsere Rentenkassen stabilisieren sollen, für kurze Zeit ausgeblendet werden. Einer der wohl prägendsten Momente der jüngeren Geschichte war der 11. September 2001. Sogar die Franzosen, die für ihre kritische Haltung gegenüber den Vereinigten Staaten bekannt sind, fühlten sich an jenem Tag als New Yorker. Ein weiterer war der 7. Januar 2015. Nachdem die Brüder Chérif und Saïd Kouachi in der Redaktion des Satiremagazins *Charlie Hebdo* ein Blutbad angerichtet hatten, bekundeten Menschen unter dem Slogan »Je suis Charlie« überall auf der Welt ihre Solidarität mit den Opfern. Und als am 13. November 2015 neun islamistische Terroristen in Paris 130 Menschen ermordet hatten, erstrahlten noch am Abend desselben Tages die wichtigsten Symbole der westlichen Welt – vom One World Trade Center in New York bis zur Oper in Sydney – in den Farben der Trikolore.

Bei diesen Momenten handelte es sich jedoch um Ausnahmesituationen, auch wenn zu befürchten steht, dass sie sich in absehbarer Zukunft wiederholen werden. Im Alltag spielt die Frage, was den Westen ausmacht und warum es wichtig ist, ihn zu schützen, meist keine Rolle: Die Kinder müssen in der Kita abgeliefert, ein Termin mit dem Elektriker muss vereinbart, das Auto in die Werkstatt gebracht werden. Oder es gilt, konkrete Entscheidungen zu treffen: Gehe ich zum Sport oder besuche ich lieber meine Freunde? Soll ich meinen sicheren, aber langweiligen Job für eine spannende, aber womöglich prekäre Stelle bei einem Start-up-Unternehmen aufgeben? Für viele fühlt sich das tägliche Leben weniger wie ein von der Marianne angeführter Marsch zur Freiheit und mehr wie ein Optimierungsprojekt an. Da bleibt verständlicherweise nicht sehr viel Energie für Sendungsbewusstsein.

Dschihadisten sehen darin einen Grund für die Schwäche des Westens. Die Menschen in Europa und Nordamerika seien nur noch mit sich selbst und ihren privaten Sorgen beschäftigt. Den Glauben an eine große Sache hätten sie längst verloren. Sie seien nicht länger bereit, Opfer zu bringen. Ja, nicht einmal ihre lasziven Frauen könnten sie in die Schranken weisen, was zeige, dass der Westen keine richtigen Männer mehr habe. Und tatsächlich haben sie mit diesen Annahmen nicht ganz unrecht. Im Namen einer Religion zu morden oder unsere Kinder zu Gotteskriegern zu erziehen betrachten die meisten von uns nicht als göttliche Pflicht, sondern schlicht als barbarisch. Frauen auf ihre Rolle als Mutter zu reduzieren und sie aus dem öffentlichen Leben auszusperren gilt der überwiegenden Mehrzahl der Menschen im Westen nicht als Akt der Reinheit, sondern als archaisch und inhuman. Dies ist das Resultat einer langwierigen und teils schmerzhaften Umwälzung, die zur Entstehung der liberalen Ordnung geführt hat: In der freien Welt ist das Individuum nicht länger dem Kollektiv untergeordnet. Die einzige legitime Funktion von Kollektiven – ob Stadt oder Nation – besteht darin, dem Wohlergehen der Einzelnen zu dienen. Daher wäre es logisch absurd und moralisch verwerflich, wenn ein Kollektiv (einmal abgesehen von Extremsituationen wie Naturkatastrophen) von den Individuen fordern würde, sich in seinem Namen zu opfern. Die Frage nach dem Sinn des Ganzen, des Lebens, der Welt – nach dem Großen Sinn, wie ich ihn in diesem Essay nenne –, ist im Westen zu einer Privatangelegenheit geworden. Öffentliche Akteure, insbesondere der Staat und die Kirchen, sollen sich raushalten, wo es um diese Dinge geht.

Um zu verstehen, wie es zu dieser Umwälzung kam, müssen wir einige Jahrhunderte in der Geschichte zurückgehen. Nach den Schrecken des Dreißigjährigen Krieges fasste in Europa nach und nach die Einsicht Fuß, dass die Religion in der Politik keine oder nur eine untergeordnete Rolle spielen dürfe. Philosophen wie Hobbes, Spinoza oder Locke lieferten das theoretische Fundament für diese Neuordnung der Gesellschaft: das Prinzip der Glaubens- und Gewissensfreiheit. Kein Mensch dürfe mit Gewalt dazu gezwungen werden, bestimmte Überzeugungen (seien diese nun politischer oder religiöser Natur) anzunehmen. Die Entwicklung der liberalen Grundordnung wäre nicht möglich gewesen, wäre das Monopol der Religionen über das Weltbild der Menschen ab dem 17. Jahrhundert nicht ins Wanken geraten und schließlich gebrochen worden. In verschiedenen Gegenden Europas kam zu jener Zeit ein Prozess in Gang, der später als wissenschaftliche Revolution bezeichnet werden sollte. Schritt für Schritt entstand ein Erklärungsansatz, der ein neues Bild der Natur ermöglichte: Mit seinen drei Gesetzen für die Bewegung der Himmelskörper stellte Kepler die Astronomie auf ein neues mathematisches Fundament; Galilei entwickelte die Grundlagen der modernen Mechanik; Newton integrierte Astronomie und terrestrische Mechanik zum Gedankengebäude der klassischen Physik; die Erfindung des Mikroskops ermöglichte die Entdeckung der biologischen Zelle; und William Harvey formulierte die Theorie des Blutkreislaufs. Im Lauf des 18. Jahrhunderts wurden die Grundlagen der neuzeitlichen Chemie gelegt. Zudem markiert es den Beginn der modernen Geologie, ein Meilenstein, da die

Menschen nun verstanden, dass der Planet Erde sehr viel älter war, als die Bibel behauptete. Ohne diese Einsicht hätte Darwin seine Evolutionstheorie wohl kaum formulieren können.

Parallel zu den grundstürzenden Neuerungen in den Naturwissenschaften entwickelte sich die moderne Erkenntnistheorie. Beginnend mit Francis Bacon, Thomas Hobbes und Descartes im 17. Jahrhundert, versuchten die Philosophen, das Wissen systematisch vom Glauben zu unterscheiden. Gekrönt wurden diese Anstrengungen im 18. Jahrhundert von dem überragenden Gedankengebäude Immanuel Kants. Zeitgleich entstand auch die moderne politische Philosophie. Vorstellungen wie das gottgegebene Recht der Könige auf ihr Reich verwarf man als Fiktion. An ihre Stelle trat die Idee des Gesellschaftsvertrages, aus der die Überzeugung hervorging, die Menschen sollten selbst entscheiden können, wer sie regiert. In der Verfassung der USA wurde sie zum ersten Mal in der Geschichte zur gelebten Realität. Allmählich setzte sich die Idee durch, dass politische Freiheit ein Grundrecht ist.

Allerdings verlief dieser Prozess alles andere als reibungslos. Noch im 18. Jahrhundert mussten Aufklärer wie Diderot und Voltaire für ihre angeblich ketzerischen Äußerungen und aufrührerischen Umtriebe ins Gefängnis. Im 19. Jahrhundert sahen sich Denker wie John Stuart Mill immer wieder dazu genötigt, die Meinungsfreiheit zu verteidigen. Und auch der vermeintliche Siegeszug der Demokratie war nicht ohne Rückschläge. Zu Beginn des 20. Jahrhunderts wurden gerade einmal acht Staaten wirklich demokratisch regiert. Wie der Historiker Niall Ferguson betont hat, irrt, wer glaubt, es habe im 20. Jahrhundert lediglich zwei Weltkriege gegeben. Im Grunde waren die Jahrzehnte zwischen 1914 und 1989 ein ständiger Kampf zwischen Liberalismus,[5] Kommunismus und Faschismus.[6]

Zudem spürte eine ganze Reihe von Denkern, dass die Verdrängung der Frage nach dem Großen Sinn ins Private einen enormen Preis gefordert hatte. Friedrich Nietzsche meinte im Tod Gottes (seine Metapher für den Verlust des Großen Sinns) den Anbruch des westlichen Nihilismus erkennen zu können, und Jean-Paul Sartre behauptete, inmitten der westlichen Seele klaffe ein Loch in der Gestalt Gottes. Die Pariser Existenzialisten der fünfziger Jahre sahen in der vollkommenen Freiheit und totalen Verantwortung ein großes Abenteuer; dasselbe galt für die Studenten, die in den Revolten der sechziger Jahre alle gesellschaftlichen Autoritäten infrage stellten. Doch diese nicht immer sehr produktive, aber doch leidenschaftliche Begeisterung für das Abenteuer Freiheit ist in den letzten Jahrzehnten aus der Mode gekommen, als in den Achtziger aus den Hippies Yuppies wurden. Die Vorstellung, wir bräuchten existenzielle Anstrengungen jenseits von Sport und Diät, klingt Anfang des 21. Jahrhunderts anachronistisch. An ihre Stelle ist ein pragmatischer Umgang mit vormals zentralen Fragen getreten. Wenn ich protestantische Grundgedanken mit buddhistischen Elementen verknüpfen möchte, dann soll mich keine Kirche davon abhalten können. Existenzielle Entscheidungen sollten nicht dramatischer sein als die Frage, ob es besser ist, meine Ausdauer zu trainieren oder meine Gelenkigkeit zu verbessern. Letztendlich muss es auf alles eine praktische Antwort geben. Wenn ich mich zu viel mit Sinnfragen befasse, dann leide ich entweder unter Depressionen, die mit Medikamenten kuriert werden können, oder es handelt sich um ein Symptom für ein hormonelles Problem, das sich mit einem Bluttest und einigen Nahrungsmittelzusätzen lösen lässt. Im Grunde ist alles nur eine Sache der Konfiguration – wie bei einem Smartphone.

Ich denke, unsere Situation ist weit komplizierter, als uns diese Haltung weismachen will. Die Verlagerung der Frage nach dem Großen Sinn ins Private ist in der Tat eine der größten Errungenschaften in der Geschichte des Westens. Wir sollten uns glücklich schätzen, dass die Inquisition der Vergangenheit angehört und dass bei uns niemand mehr wegen seiner Religion oder seiner politischen Überzeugungen gefoltert oder hingerichtet wird. Aber deswegen zu glauben, es gäbe jenseits von Karrierefragen, Fitness- und Diätprogrammen keine existenziellen Probleme, ist falsch. Wie die Existenzialpsychologie gezeigt hat, können wir das Bewusstsein von unserer eigenen Sterblichkeit nicht einfach leugnen oder verdrängen. Die traditionellen Mittel für die Auseinandersetzung mit unserer Endlichkeit waren Ideologien und Religionen, die entweder Erlösung im Diesseits oder Belohnung im Jenseits versprachen. Ihren Absolutheitsanspruch mögen sie verloren haben, aber diese Heilslehren waren mehr als nur abstrakte Gedankengebäude. Sie waren in ein ritualisiertes Gemeinschaftsleben integriert, ob nun durch Kirche und Kloster, Moschee und Madrasa oder Synagoge und Jeschiwa. Die Gläubigen verstanden sich als Mitglieder von Gemeinschaften, die schon Jahrhunderte oder gar Jahrtausende existierten und die für immer fortbestehen sollten. Teil einer solchen Gemeinschaft zu sein war nicht nur mit dem Versprechen auf ewiges Leben im Jenseits (oder auf physische Wiederauferstehung) verbunden, sondern bedeutete auch, eine erhabene und heilige Tradition fortzuführen.

Natürlich hatte die Mitgliedschaft in solchen Gemeinschaften ihren Preis. Keine Gruppe sieht es gerne, wenn jemand aus ihrem Kreis die eigenen Regeln bricht. Laut dem Alten Testament sollen Menschen, die sich des Götzendienstes schuldig machen oder die Sabbatruhe brechen, gesteinigt werden. Die katholische Kirche bediente sich gut ein Jahrtausend lang brutalster Methoden, um die Menschen von der Ketzerei abzuhalten. Die Inquisition, die in Spanien erst 1834 offiziell abgeschafft wurde, folterte diejenigen, die sie der Gotteslästerung verdächtigte, und verbrannte sie nach ihrem erzwungenen Geständnis bei lebendigem Leib. In Saudi-Arabien, das nach wie vor gemäß einer strengen Auslegung der Scharia regiert wird, werden Menschen für Apostasie mit dem Tode bestraft. Im Mai 2014 verurteilte ein Gericht den Blogger Raif Badawi wegen Beleidigung des Islams zu zehn Jahren Haft und tausend Peitschenhieben sowie einer Geldstrafe von umgerechnet rund 200 000 Euro. Es scheint, als könnten Gemeinschaften nur dann existenzielle Sicherheiten bieten, wenn die Zugehörigkeit zu ihnen mit Blut besiegelt worden ist. Im Judentum und im Islam wird das bis heute durch die Beschneidung von Jungen ganz konkret in die Körper eingeschrieben.

An diesem Punkt mag man aufatmen, dass uns die freiheitlich-liberale Gesellschaftsordnung von den grausamen Riten der Stammes- und Glaubenszugehörigkeit befreit hat. Schließlich gibt es im Westen keine Gemeinschaft mehr, aus der man nicht austreten könnte. Nicht einmal die sprichwörtliche katholische Ehe muss ewig halten. Die einzige Ausnahme ist die Familie, in die wir hineingeboren werden. Ansonsten sind wir frei, zu sein, wer wir sein wollen. Endlich hat das Individuum Vorrang gegenüber dem Kollektiv. Das bedeutet aber auch, dass außer uns selbst niemand mehr für unser geistiges und existenzielles Wohlergehen zuständig ist. Wir sind dazu verdammt, die existenzielle Verantwortung für unser Dasein selbst zu übernehmen. Zwar hat die soziale Marktwirtschaft den Menschen beachtliche Vorteile gebracht, wo es um die Befriedigung ihrer grundlegenden Bedürfnisse geht. Aber weil Staaten und Religionen nicht länger das Monopol auf den Großen Sinn beanspruchen können, müssen westliche Menschen, die nicht einer der organisierten Religionen angehören, auf die bewährten Heilmittel im Umgang mit existenziellen Fragen verzichten. Das ist der faustische Pakt des modernen Westens: existenzielles Unbeschützt-Sein als Preis der Freiheit. Wir sind im Westen nicht mehr in Gemeinschaften eingebunden, die unsere Identität ein für alle Mal definieren und unser Leben rituell so strukturieren, dass Sinnfragen sich selten stellen. Genau das ist auch der Grund, weshalb Christen, Juden und Muslime fundamentalistischer Couleur den Westen als oberflächlich verdammen. Ein Leben ohne von einer unhinterfragten, transzendenten Autorität gestifteten Großen Sinn ist für diese Glaubensrichtungen kein Symbol der Freiheit, sondern ein Symptom der Sündhaftigkeit und des moralischen Verfalls. All diese Fundamentalismen sehen im freien Westen wegen seiner Attraktivität auch eine Gefahr, weshalb sie ihn häufig bekämpfen: in den USA und in Israel mit politischen Mitteln, im Fall des radikalen Islamismus mit Gewalt.

Es gibt gute Gründe zu bezweifeln, dass die freie Welt auf diese Herausforderungen Antworten hat. Nach dem Zweiten Weltkrieg sind Generationen herangewachsen, die weder den Kampf für die politischen Freiheiten, die wir heute genießen, noch ökonomische Katastrophen wie die Weltwirtschaftskrise erlebt haben. Für sie ist die Freiheit etwas Selbstverständliches, und das System, das sie ermöglicht hat, gilt ihnen vielfach als eine Form der Unterdrückung. Für die freiheitliche Ordnung zu kämpfen, wenn sie unter Druck steht, betrachten sie nicht länger als ihre Aufgabe – dafür sind »die Gesellschaft« und »die Politik« verantwortlich. Dazu kommt, dass sie glauben, jeder Mensch habe ein angeborenes Recht darauf, glücklich zu sein und sich selbst zu verwirklichen. Wenn jemand unglücklich sei, dann weil die Verantwortlichen – die Gesellschaft, der Staat oder die neuen Sündenböcke: die Eltern – ihrer Aufgabe nicht ordentlich nachgekommen sind. Weiter unten werde ich einige psychotherapeutische Erlösungsversprechen diskutieren und zeigen, wie sie den Glauben an ein wahres, kreatives Selbst in Büchern, Gruppenworkshops und Therapien vermarktet haben. Diese Utopien mögen sich im Laufe der Jahre verändert haben, aber viele Menschen im Westen betrachten Freiheit weiterhin als eine Selbstverständlichkeit und Glück als ein Recht. Wer mit einer solchen Berechtigungsmentalität lebt, ist weder willens noch fähig, die freiheitliche Ordnung zu pflegen und, wenn notwendig, zu verteidigen.

Bei Zeitdiagnostikern wie Michel Houellebecq, Benjamin Barber, Alain Finkielkraut oder John Gray hat diese Haltung eine gewisse Aversion gegen den modernen Westen hervorgerufen, die ich in den folgenden Kapiteln vorstellen und erörtern werde. Diese Kulturkritiker versuchen, die Schwäche des Westens zu verstehen und aus verschiedenen Perspektiven zu analysieren. Ich möchte hier den impliziten gemeinsamen Nenner ihrer Einwände herausarbeiten, um so eine Tiefendiagnose der immer wieder beschriebenen Schwäche zu entwickeln. Meine Grundthese lautet, dass die Berechtigungsmentalität, die sich im Westen breitgemacht hat, die Einsicht verhindert, dass es ein schwerwiegender, fast metaphysischer Fehler ist zu glauben, es gebe für alle Probleme eine technische Lösung und alle Schwierigkeiten könnten letztlich von irgendeiner Instanz beseitigt werden. Menschen mit einer solchen Mentalität weigern sich, die tragische Dimension unserer Existenz zu akzeptieren. Sie wollen sich nicht eingestehen, dass das menschliche Dasein wesentlich von nicht lösbaren Konflikten und Spannungen geprägt ist. Diese Haltung ist in zweierlei Hinsicht hoch problematisch: Erstens führt sie dazu, dass nur wenige Bürger des Westens bereit sind, an der freiheitlichen Ordnung mitzuarbeiten – sie wollen lediglich ihre Produkte konsumieren. Daher kann die westliche Welt mit »Stresstests« wie der Flüchtlingskrise oder dem islamistischen Terror auch nicht gut umgehen. Zu viele Menschen erwarten, dass die »Verantwortlichen« – vor allem die Politiker und die Sicherheitskräfte – den bequemen Status quo ante wiederherstellen. Dies schafft die Gelegenheit für opportunistische Rechtspopulisten, die den Wählern versprechen, es gäbe einen Weg zurück in die guten alten Zeiten: Frankreich werde bald wieder den Franzosen, Deutschland den Deutschen, die USA den weißen, protestantischen Amerikanern gehören.

Die Berechtigungsmentalität hat aber noch eine zweite problematische Konsequenz. Wenn jeder Einzelne den Anspruch erhebt, sich selbst zu verwirklichen sowie glücklich und erfolgreich zu sein, unsere Gesellschaften diesen Anspruch jedoch nicht für alle, sondern nur für eine Minderheit erfüllen kann, dann wird er zu einer Quelle des Unglücks. Ein Beispiel, das ich zunächst nur anreißen möchte,[7] ist der Werbeslogan »Just do it!« des Sportartikelherstellers Nike, der den Zeitgeist der neunziger Jahre perfekt auf den Punkt brachte. Er suggeriert, jeder Mensch sei zu Höchstleistungen fähig, wenn er kein Risiko scheut und Anstrengungen auf sich nimmt, um sich immer noch ein Stückchen zu verbessern. Doch, wie ich weiter unten zeigen werde, erweist sich dieses Versprechen schnell als bloßer Schein.

Der erste Teil dieses Essays ist dem bereits erwähnten auf Rousseau zurückgehenden Mythos gewidmet, laut dem in jedem von uns ein wahres Selbst schlummert, das durch nicht genügend empathische Eltern und falsche gesellschaftliche Normen verschüttet worden ist. Wenn wir dieses wahre Selbst realisieren, so der Irrglaube, werden wir dauerhaft glücklich und kreativ sein. Dieses Versprechen ist in zahllosen Büchern, die zum Teil Kultstatus erreicht haben, wiederholt worden, obgleich es dafür nie irgendwelche empirischen Belege gegeben hat. Allerdings hat diese Idee ihren Anhängern kein Glück und keine Kreativität gebracht, sondern das permanente Gefühl, man werde benachteiligt oder ungerecht behandelt, ja, um sein wahres Leben betrogen.

Die These, die im zweiten Teil entfaltet werden soll, lautet, dass wir nicht zur passiven Konsummentalität verdammt sind. In der westlichen Kulturgeschichte finden sich zahlreiche Traditionen, die davon ausgingen, die menschliche Existenz sei grundsätzlich tragisch, da sie von unlösbaren Konflikten gekennzeichnet sei, und dass persönliche und politische Freiheit eine ständig zu pflegende Disziplin voraussetzen. Dieser Gedanke lässt sich bis in die klassische griechische Philosophie zurückverfolgen, ich werde jedoch vor allem zwei jüngere Ansätze diskutieren: den Modernismus des Fin de Siècle, zu dessen Repräsentanten neben Malern wie Gustav Klimt und Egon Schiele auch Sigmund Freud zählte, sowie den Existenzialismus in seinen verschiedenen Varianten, zu denen heute auch eine empirisch forschende Existenzialpsychologie gehört. Wir Menschen, so einer der zentralen Gedanken dieser Strömung, sind uns unserer Freiheit bewusst, können sie jedoch nicht ertragen. Deswegen versuchen wir permanent, unsere Endlichkeit zu leugnen und vor unserer Freiheit zu fliehen, entweder in totalitäre politische Ideologien oder in religiöse Glaubenssysteme. Wie wir sehen werden, kann das katastrophale Folgen haben: Je effektiver die Sinnsysteme, die Menschen vor dem Bewusstsein der Endlichkeit und Freiheit schützen, desto einfacher können sie als Rechtfertigungen für barbarische Handlungen herangezogen werden.

Den Menschen beizubringen, wie wichtig das Projekt der Freiheit ist, war vom 19. bis in die Mitte des 20. Jahrhunderts das Anliegen der *liberal education*, der freiheitlichen Erziehung, wie sie an den großen deutschen und amerikanischen Universitäten praktiziert wurde. Seit den sechziger Jahren ist diese

Idee jedoch aus verschiedenen Gründen in die Kritik geraten: Die postmoderne Linke sah in der freiheitlichen Erziehung einen Überrest des westlichen Rassismus und Imperialismus, da sie vor allem auf den Quellen der westlichen Kulturtradition beruht. Zudem erwarten immer mehr Studenten von den Hochschulen, dass sie ihnen in erster Linie Wissen vermitteln, das ihnen später zu einem lukrativen Job verhelfen soll. Für eine freiheitliche Erziehung bleibt dann meist nur noch wenig Zeit. Dies ist insofern katastrophal, als unser Hochschulsystem mittlerweile immer weniger Studierenden ein Gefühl von Verantwortung für die freiheitliche Ordnung und ein Verständnis für das Abenteuer ihrer Entstehung vermittelt. Daher beschließe ich meinen Essay mit einem Plädoyer: Wir dürfen das Ideal der freiheitlichen Erziehung nicht den Marktkräften opfern, die Schule und Ausbildung fast ausschließlich danach beurteilen, ob sie den Karrierechancen nützen und wie viel sie zur Wirtschaftsleistung beitragen. Freiheitliche Erziehung ist kein Luxus, sondern die Bedingung dafür, dass unsere Freiheit die zahlreichen Stresstests der Gegenwart bestehen kann.

Vom Ekel am Westen

Gegen Ende des 19. Jahrhunderts machte sich in der westlichen Welt eine gewisse Verunsicherung breit: Die Angst vor der Dekadenz – sowohl im Sinne von Niedergang als auch im Sinne von Luxus und Verschwendung – griff um sich. Eine ganze Reihe französischer Autoren befürchtete gar den Niedergang der französischen »Rasse«, wie das damals genannt wurde, da die Bevölkerungszahlen des Landes erstmals seit dem 17. Jahrhundert rückläufig waren. In Österreich glaubten Künstler, Architekten und Intellektuelle erkennen zu können, dass die k. u. k. Monarchie hinter den prunkvollen Fassaden am neu errichteten Wiener Ring völlig verrottet war. Und tatsächlich brach 1918 nach einem der sinnlosesten und grausamsten Kriege der Menschheitsgeschichte die nur ein Jahrhundert zuvor geschaffene Ordnung auf dem europäischen Kontinent in sich zusammen. So war es denn auch verständlich, dass sich das 1918 von einem bis dahin unbekannten Privatgelehrten namens Oswald Spengler veröffentlichte Werk *Der Untergang des Abendlands* innerhalb kurzer Zeit hunderttausendfach verkaufte. Die Triumphgeschichte des ach so überlegenen Westens, der noch ein paar Jahrzehnte zuvor anderen Kontinenten seine Zivilisation großzügig »geschenkt« hatte, schien an ihr Ende gelangt zu sein. Deutschland erholte sich von der Niederlage und der Erniedrigung durch den Versailler Vertrag nicht. Bis zur Machtergreifung der Nationalsozialisten im Jahr 1933 entwickelte es keine stabile politische Ordnung – und stürzte den Kontinent dann in die schrecklichsten zwölf Jahre, die er bis heute erlebt hat. In Italien kamen die Faschisten schon in den zwanziger Jahren an die Macht, und in Spanien siegten Francos Truppen nach einem langen und blutigen Bürgerkrieg. In Europa zweifelten viele an der liberalen Grundordnung, es schien, als könnte sich der Faschismus neben dem Liberalismus und dem Kommunismus als dritte Herrschaftsform etablieren. Ohne das Eingreifen der Amerikaner im Zweiten Weltkrieg würde das Europa, das wir heute kennen, womöglich nicht existieren.

Aber selbst nach dem Ende des Zweiten Weltkriegs und angesichts des Siegeszugs der Demokratie verschwand das Unbehagen nicht. Sowohl im Westen als auch bei seinen kulturellen und politischen Kontrahenten machte sich ein Ekel an der westlichen Kultur breit. In Europa und Nordamerika nahm er häufig die Form einer Kritik am Kapitalismus und am Imperialismus an, den viele – ob nun zu Recht oder zu Unrecht – als unvermeidliches Epiphänomen des Kapitalismus betrachteten. In den vergangenen Jahrzehnten hat sich dieser Ekel sogar noch verstärkt. Zahlreiche Autoren sehen in der Kultur des Westens erneut eine dekadente, ja, eine dem Untergang geweihte Lebensform. David Foster Wallace hat die USA als eine Gesellschaft beschrieben, in der sich die Menschen zu Tode amüsieren, ohne die Langeweile töten zu können.[8] Vor nicht einmal zehn Jahren hat der Politikwissenschaftler Benjamin Barber die Befürchtung geäußert, die Amerikaner seien drauf und dran, sich zu Kindsköpfen zu konsumieren.[9] Und der französische Intellektuelle Éric Zemmour hat kürzlich behauptet, Frankreich sei im Begriff, Selbstmord zu begehen[10] – nur ein paar Jahre nachdem Thilo Sarrazin davor gewarnt hatte, Deutschland sei dabei, sich abzuschaffen.

Einer der interessantesten (und wohl der meistgelesene) Zeitdiagnostiker ist aktuell der französische Autor Michel Houellebecq. In mehreren Romanen hat er Frankreich als verkommene und orientierungslose Gesellschaft porträtiert, die im Nihilismus versinkt. Viele Kritiker versuchen, Houellebecq, der nach dem Erscheinen von *Elementarteilchen* im Jahre 1998 zu einem internationalen literarischen Phänomen avancierte, als Zyniker, Frauenhasser oder auch als Pornografen abzutun, aber damit machen sie es sich meiner Meinung nach zu einfach. Seinem offen zur Schau getragenen Ekel am Westen liegt ein wichtiger diagnostischer Gedanke zugrunde, den er in einem längeren Interview mit der *Welt* prägnant auf den Punkt gebracht hat: »Hinter die Philosophie der Aufklärung lässt sich ein Kreuz machen: verstorben.«[11] Seinen radikalsten Ausdruck findet dieser Gedanke in *Unterwerfung*, Houellebecqs bisher letztem Roman. Das Buch erschien am 7. Januar 2015 unter tragischen Umständen. Es war der Tag, an dem der Anschlag auf die Redaktion von *Charlie Hebdo* zwölf Menschen das Leben kostete. Zwar sagte Houellebecq alle Lesungen in Frankreich ab, aber auch ohne sein Zutun entwickelte sich *Unterwerfung* zum Erfolg. Innerhalb weniger Tage wurden mehr als 120.000 Exemplare verkauft. Der Anschlag auf das Satiremagazin hatte das Buch geradezu unheimlich zeitgemäß werden lassen, denn Houellebecq entwirft darin ein düsteres Zukunftsszenario: Bei der Stichwahl um das Präsidentenamt unterstützen im Jahr 2022 Frankreichs Linke und gemäßigte Rechte Mohamed Ben Abbès, den Kandidaten der islamischen Partei »Bruderschaft der Muslime«, um einen Sieg von Marine Le Pen zu verhindern. In *Unterwerfung* spiegelt sich jene Angst vor einer Islamisierung, die nicht nur Populisten in Frankreich zynisch und hoch effektiv ausnutzen. Houellebecq ist von verschiedenen Seiten der Islamophobie bezichtigt worden, doch dieser Vorwurf greift zu kurz: Houellebecqs Thema ist nicht die Angst, dass Frankreich von Muslimen überrannt werden könnte, sondern das vermeintliche Scheitern der Aufklärung.

In *Unterwerfung* entwickelt Houellebecq dieses Thema, mit dem er sich schon in seinen früheren Romanen auseinandergesetzt hat, auf interessante Art weiter. Der Antiheld François ist Professor für französische Literatur an der Sorbonne und hat sich auf das Werk des Schriftstellers Joris-Karl Huysmans spezialisiert. Huysmans war zunächst Naturalist, wendete sich aber später mehr und mehr dem Katholizismus zu, bis er ab 1892 immer wieder Zeit in einem Kloster in Südwestfrankreich verbrachte. In ebenjenes Kloster flieht François am Tag der Stichwahl zwischen Ben Abbès und Le Pen, da die französische Hauptstadt von Unruhen erschüttert wird. Er sucht nach religiöser Erleuchtung, doch in dem von Houellebecq als Schlüsselszene bezeichneten Moment verliert er beim Anblick einer berühmten Marienskulptur endgültig die Verbindung zum Glauben und verlässt das Kloster. Ursprünglich hatte Houellebecq geplant, seinen Roman *Bekehrung* zu nennen: François hätte zum Katholizismus übertreten sollen, aber wie Houellebecq selbst ist er dazu letztlich nicht fähig. Er kehrt nach Paris zurück, muss dort aber feststellen, dass man ihn entlassen hat. Also kollaboriert er von nun an mit dem neuen Regime: Er konvertiert zum Islam, um seine Professur zurückzubekommen.

Unterwerfung ist ein Requiem auf die europäische Kultur. François lehrt an einer von Frankreichs ältesten und bekanntesten Universitäten. Er ist ein Vertreter und Verwalter der französischen Hochkultur – oder sollte es zumindest sein, doch er fühlt, dass sein Dasein unerträglich verflacht ist. Reuevoll konstatiert er, dass die Jahre, in denen er über das Werk Huysmans' promovierte, wohl die besten seines Lebens waren. Seitdem geht es eigentlich nur noch bergab: Seine Beziehungen zu anderen Menschen beschränken sich auf kurze, oft lustlose Affären mit Studentinnen. François ist einsam, schreibt kaum noch, trinkt zu viel und ernährt sich von Fertignahrung aus dem Supermarkt (allerdings, ein aufschlussreiches Detail, nie von französischen Gerichten). In der Sinnlosigkeit seiner Existenz, so begreift er, spiegelt sich jene Kultur, von der schon Huysmans glaubte, sie sei dem Untergang geweiht. In einem Gespräch mit einer seiner Liebhaberinnen, der jüdischen Studentin Myriam, die später aus Angst vor dem neuen islamischen Regime mit ihren Eltern nach Israel fliehen wird, sagt François, eigentlich sei nur das patriarchalische System überlebensfähig. Wenigstens reproduziere es sich und erzeuge eine gewisse soziale Kohäsion. Wegen Stellen wie dieser ist Houellebecq immer wieder Frauenhass vorgeworfen worden, aber damit verkennt man seinen grundlegenden Gedanken. Der Grund, warum er das Chaos moderner Geschlechterbeziehungen durch die patriarchalischen Strukturen islamischer Polygamie ersetzen will, besteht nicht darin, dass er der Ansicht wäre, die Frau müsse sich dem Mann unterordnen, sondern darin, dass er glaubt, die westlich-liberal geprägten Gesellschaften seien letztlich zum Scheitern verurteilt – schon allein deswegen, weil sie aufgrund ihrer niedrigen Geburtenraten ihr biologisches Überleben nicht sicherstellen können. Houellebecq weint dabei weder dem Liberalismus noch Europa eine Träne nach. Wie er schon in seinen früheren Romanen deutlich gemacht hat, ist er von den letzten Zuckungen des alten Kontinents einfach nur angeekelt. Im zynischen Anschluss François' an den Islam sieht Houellebecq einen möglichen Ausweg aus der Ödnis der letzten Tage Europas.

Houellebecqs Werk stellt vor allem für jene eine Herausforderung dar, die (wie ich) die Tradition der Aufklärung und die westliche Moderne nicht nur mangels attraktiver Alternativen schätzen, sondern in ihnen große Errungenschaften der Menschheit sehen. Seine satirischen Beschreibungen des spätmodernen Frankreichs halten unserer Gesellschaft einen Spiegel vor. Das Bild mag einseitig sein, aber es sollte uns nachdenklich stimmen. Es zeigt eine Gesellschaft, die von Populismus, Konsumismus, billiger Unterhaltung und entfremdetem Sex beherrscht wird. Interessant an Houellebecq ist, dass man hinter seiner zynischen Fassade eine Sehnsucht und eine Sympathie für kulturell konservative Neigungen erahnen kann, die ihn bisher aber weder in die Arme des politischen Konservativismus noch in die der Religion getrieben haben.

Wir sollten Houellebecqs Roman als Warnung verstehen und ernst nehmen: Wenn von Europa nicht mehr bleibt als organisatorische Effizienz, die Sorge um finanzielle Sicherheit und eine kulturelle Vergangenheit, die nur noch als museale Präsenz zu spüren ist, dann wird es im Westen bald etwas Neues geben – aber nichts Gutes. Wenn Houellebecq recht hat, dann ist der Liberalismus inzwischen so geschwächt, dass er wohl mittelfristig durch irgendeine Form des Autoritarismus abgelöst werden wird, wobei die Islamisierung wohl eher ein Schreckgespenst als eine reale demografische Möglichkeit sein dürfte.

Angesichts von Houellebecqs Totenrede auf Europa drängt sich natürlich der Einwand auf, dass Millionen Menschen auf der ganzen Welt sich nichts sehnlicher wünschen, als nach Europa oder in die Vereinigten Staaten zu emigrieren. Viele Menschen riskieren auf dem Weg nach Deutschland, England oder in die USA ihr Leben. Ist der Ekel am Westen also vielleicht bloß eine merkwürdige Randerscheinung? Handelt es sich bei den endlosen Klagen über eine vermeintliche geistige Krise nur um eine lästige Angewohnheit? Ist Houellebecq, der immer wieder berichtet, seine Eltern hätten sich nicht für ihn interessiert und lieber ihre Hippie-Existenz weitergeführt, einfach nicht in der Lage, einen unvoreingenommenen Blick auf den Westen zu werfen?

Ich denke, dass Houellebecqs Darstellungen in der Tat sehr einseitig sind, dass er aber, wenngleich auf hyperbolische Weise, auf etwas aufmerksam gemacht hat, das wir ernst nehmen sollten: Viele Menschen in den westlichen Wohlstandsgesellschaften scheinen mit ihrer Freiheit nichts Sinnvolles anfangen zu können. Sie sind vor allem damit beschäftigt, das Bewusstsein von dieser Freiheit durch permanente Ablenkung so gut es geht zu betäuben.

Freiheit als Konsumgut

Nicht nur Schriftsteller wie Houellebecq, auch Sozialwissenschaftler und Philosophen haben ihrem Unbehagen am Westen Ausdruck verliehen. So hat etwa der US-amerikanische Politologe Benjamin Barber, ein überzeugter Verfechter liberaler Grundwerte, in seinem Buch *Consumed!* die kapitalistische Kultur scharf kritisiert:[12] Sie führe letztlich zu einer Infantilisierung der Bürger. Immer mehr Menschen würden eine passive Konsummentalität entwickeln und interessierten sich nur noch für Shopping, Fernsehen und Computerspiele. Die Auswirkungen auf die Demokratie, so Barber, seien katastrophal. Beispielsweise gehen viele US-Bürger überhaupt nicht mehr wählen, und diejenigen, die ihre Stimme abgeben, haben meist kaum eine Ahnung von politischen Fragen, sondern legen vielmehr eine erschreckende Ignoranz an den Tag. 2002 wussten siebzig Prozent der Erwachsenen in den Vereinigten Staaten nicht, wo genau der Irak liegt – was sie nicht davon abhielt, sich eine Meinung darüber zu bilden, was mit dem Land geschehen sollte. Auch über den Klimawandel, die Ursachen der Finanzkrise oder das US-Gesundheitssystem haben sie nur geringe Kenntnisse. Ebenso wenig sind sie darüber informiert, wofür die Kandidaten, zwischen denen sie sich entscheiden sollen, stehen. Fernsehdebatten, die eigentlich dem Zweck dienen sollten, den Zuschauern die Überzeugungen der Politiker zu vermitteln, werden zunehmend zu Unterhaltungsshows. Statt nach inhaltlichen Kriterien beurteilen die Bürger die Kandidaten nach Äußerlichkeiten: Gewählt wird, wer große Töne spuckt und mit aggressiver Rhetorik simple Lösungen für komplexe Probleme anbietet. Politik wird immer mehr zum Showbusiness. Die von den meisten europäischen Politikern und Kommentatoren als Katastrophe betrachtete Wahl Donald Trumps zum Präsidenten der USA belegt diesen Trend eindrücklich.

Barber ist nicht der einzige Autor, der vor einer Abnahme der Beteiligungsbereitschaft in den westlichen Ländern warnt. Während er sich auf die politische Apathie der Unterschicht konzentriert, suchen andere die Schuld bei den Eliten. So hat etwa der US-amerikanische Historiker und Sozialkritiker Christopher Lasch der herrschenden Klasse seines Landes immer wieder mangelndes Interesse am Gemeinwohl vorgeworfen:[13] Die Reichen und Mächtigen lebten in ihrer eigenen, narzisstischen Welt. Sie profitierten zwar von den Gütern, die ihnen die Gesellschaft zur Verfügung stelle: Gesundheitswesen, Bildung, Sicherheitskräfte, ein funktionierendes Justizsystem usw. Im Gegensatz zum europäischen und amerikanischen Bürgertum des 18. und 19. Jahrhunderts, das aktiv an der Errichtung gesellschaftlicher, kultureller und akademischer Institutionen partizipiert habe, fühlten sie aber keinerlei Verpflichtung zu sozialem oder politischem Engagement. Ihnen gehe es einzig und allein um den eigenen Vorteil. Ähnlich sieht es David Brooks von der *New York Times*.[14] Ihm zufolge leben wir in einer Gesellschaft, in der das eigene Selbst zur einzigen wirklichen Sorge vieler Menschen geworden ist. Die Bürger des Westens wollten in erster Linie reich und berühmt werden. Die Vorstellung, einen Beitrag zur Entwicklung der Gesellschaft zu leisten oder sich in den Dienst allgemeiner Ideale zu stellen, werde ihnen immer fremder. Man mag diese Beobachtungen als Klagen konservativer Intellektueller abtun, aber zumindest für die Vereinigten Staaten sind sie von Sozialwissenschaftlern, allen voran von Robert Putnam, gut belegt worden. In mehreren Studien hat Putnam gezeigt, dass die Bereitschaft zur Partizipation im Laufe der letzten Jahrzehnte dramatisch abgenommen hat.[15] Während die Amerikaner früher Bowling

Clubs oder politischen Assoziationen angehörten, haben sich viele von ihnen mittlerweile ins Private zurückgezogen.

Wer glaubt, in Europa sei die Situation grundlegend anders, urteilt vermutlich etwas vorschnell. Der französische Philosoph Alain Finkielkraut beklagt seit über drei Jahrzehnten den Zustand der politischen Öffentlichkeit in seinem Land. Die Bürger hätten immer weniger Interesse an der eigenen Kultur und verstünden nicht, dass sie ebendieser Kultur die Ordnung und die Lebensqualität, die sie als selbstverständlich erachten, zu verdanken haben.[16] Finkielkraut, Sohn polnischer Juden, die Auschwitz überlebten und nach dem Zweiten Weltkrieg nach Frankreich auswanderten, beschreibt immer wieder die tiefe Dankbarkeit, die er für die Kultur, das Erziehungssystem und Frankreichs republikanische Ideale empfindet. Erst sie hätten es ihm ermöglicht, als Sohn von Immigranten ein vollwertiges Mitglied der Gesellschaft zu werden. Als Beleg für diese These verweist er auf die vielen abgehängten, vorwiegend jugendlichen Muslime in seinem Land. Sie hätten sich geweigert, die französische Kultur anzunehmen, und beklagten sich nun, dass ihnen die gesellschaftliche Integration und der wirtschaftliche Erfolg verwehrt blieben. 2005 gewannen seine Überlegungen an Aktualität, als es in den Banlieues zahlreicher französischer Städte zu massiven Unruhen kam, an denen vor allem muslimische Jugendliche, die nicht in die französische Gesellschaft integriert sind, beteiligt waren. Seit dem Anschlag auf *Charlie Hebdo*, den koordinierten Terrorakten vom 13. November 2015 in Paris, und dem Massaker am 14. Juli 2016 in Nizza dürfte die Brisanz dieses Integrationsproblems noch zugenommen haben. Diese Ablehnung der französischen Hochkultur ist jedoch keinesfalls nur bei Muslimen, sondern auch bei islamophoben Franzosen zu finden: Die Wähler von Marine Le Pens Front National kümmern sich herzlich wenig um französische Hochkultur und die Aufklärungstradition. Ihre »Argumente« beschränken sich darauf, zu deklarieren, Frankreich gehöre den Franzosen, und sie scheren sich nicht um die republikanische Konzeption, welche Bürgerrechte unabhängig von der Herkunft gewährt. Darüber nachzudenken, was eine freiheitliche Kultur ist und worauf sie gründet, ist laut Finkielkraut schon lange keine Bürgerpflicht mehr.

Finkielkrauts Argumente stoßen selbstverständlich nicht nur auf Zustimmung. Die französische Linke sieht in ihm einen erzkonservativen Rechten, der mit rassistischen und islamophoben Motiven spielt. Er habe sich in seinem akademischen Elfenbeinturm verbarrikadiert und sei nicht in der Lage, die wahren Ursachen für die schlechte Integration vieler Muslime zu erkennen. Diese sei nämlich nicht darauf zurückzuführen, dass sich die Muslime weigerten, die französische Kultur anzunehmen, sondern auf die Ausgrenzung durch die Mehrheitsgesellschaft.[17] Die Gesellschaft schulde ihren schwächsten Mitgliedern Unterstützung, ohne die sie die Fähigkeiten, die notwendig sind, um produktiv am Gesellschafts- und Wirtschaftsleben teilzunehmen, nicht erwerben könnten. Die wachsende Ungleichheit – nicht ein Mangel an Wissen über die westliche Kultur – sei die Ursache für soziale Probleme und den Zorn der Benachteiligten.

Diese oft hitzigen Debatten sind von der Auseinandersetzung zwischen zwei weltanschaulichen und sozialpolitischen Positionen geprägt. Die Vertreter der kulturkonservativen Auffassung behaupten, die freiheitliche Ordnung des Westens könne nur auf der Grundlage einer gemeinsamen Kultur und geteilter Traditionen gedeihen und bestehen. Wenn immer mehr Menschen die Verbindung zu diesen verlören, sei der Fortbestand dieser Ordnung gefährdet. Die Linken hingegen verweisen auf mangelnde ökonomische Teilhabe. Mir geht es hier nicht darum, den Streit zwischen diesen beiden Positionen zu entscheiden. Beide Seiten können gute Argumente für ihre Ansichten anführen. So kann sich die Linke auf vergleichende Studien berufen, die zeigen, dass die benachteiligten Schichten dort die größten Probleme haben, ihren Platz in der Gesellschaft zu finden, wo die soziale Mobilität am geringsten ist. Kulturkonservative wiederum können darauf verweisen, dass sich Immigrantengruppen wie Juden und Ostasiaten, die in leistungsorientierten Kulturen aufgewachsen sind, trotz anfänglicher Schwierigkeiten in Westeuropa und den USA ökonomisch, kulturell und politisch hervorragend integriert haben, während dies muslimischen Einwanderern in Europa und Immigranten aus Süd- und Mittelamerika in den Vereinigten Staaten nicht im selben Maße gelungen sei. Am Ende sei eben doch die Kultur der Schlüssel für den Erfolg bei der Integration.[18]

Interessant ist, dass jenseits der tiefen Gegensätze eine Gemeinsamkeit zwischen der linken und der kulturkonservativen Position besteht: Beide warnen davor, dass die Menschen im Westen politisch immer passiver werden, dass die Politik zum Showbusiness verkommt, dass das Niveau der öffentlichen Diskussion sinkt und dass sich eine Konsummentalität entwickelt hat, die dazu führt, dass Jugendliche und Erwachsene sich jenseits des eigenen Erfolges kaum noch für ihre Gesellschaften und Kulturen einsetzen können und wollen. Die Erklärungen für diese besorgniserregenden Entwicklungen differieren: Während das konservative Lager den Grund dafür in einer mangelnden Verbindung zu den kulturellen Traditionen sieht, glaubt die Linke darin den Ausdruck der hegemonialen neoliberalen Mentalität zu erkennen, für die das ökonomisch Messbare zum einzigen Wertmaßstab geworden ist.

Einer der interessantesten und reflektiertesten politischen

Philosophen der Gegenwart, der Brite John Gray, vertritt in seinen Büchern einen anderen Ansatz. Seine Kritik bezieht sich nicht nur auf den Zustand des politischen Systems, sondern sie hat eine existenzielle Dimension. Die menschliche Freiheit, so Gray, sei lediglich eine Illusion. Unsere Überzeugung, wir nähmen in der Natur einen besonderen Platz ein, sei nicht mehr als ein Irrglaube. Grays Werdegang, der ihn zu dieser Konklusion geführt hat, ist instruktiv: Er wuchs in einer Arbeiterfamilie auf, unterstützte in den achtziger Jahren jedoch Margaret Thatcher und ihre Politik der Liberalisierung und individuellen Verantwortung. Allerdings war er schon bald von den tatsächlichen Ergebnissen enttäuscht und wandte sich desillusioniert von Thatcher ab. In den neunziger Jahren engagierte er sich dann für Tony Blairs und Bill Clintons Kombination von Marktökonomie und Sozialdemokratie. Diese neue Heilsbotschaft des sogenannten *third way*, eines »Kapitalismus mit sozialem Antlitz«, schien das Beste zweier Welten zu vereinen: Reichtum und Produktivität auf der einen, gesellschaftliche Solidarität auf der anderen Seite. Dieses Versprechen hat sich nicht erfüllt. Blairs *Cool Britannia* wurde zu einem Albtraum, in dem sich die Unterschichten von mentalem und physischem Junkfood ernähren, während die neue Millionärsklasse in London ein ausschweifendes Leben führt, das sogar New Yorker Snobs vor Neid erblassen lässt. Auch Bill Clinton ist es nicht gelungen, Wachstum mit mehr sozialer Gerechtigkeit zu verbinden. Seine Politik hat letztlich die Grundlage für die Finanzkrise der Jahre 2007 ff. und die darauffolgende Rezession geschaffen. Seitdem hat die Vermögens- und Einkommensungleichheit in den USA immer weiter zugenommen. Die Angehörigen der Unterschicht brauchen zwei oder drei lausig bezahlte Jobs, um ihren Lebensunterhalt zu finanzieren, die CEOs der mit Steuergeldern geretteten Banken dürfen sich hingegen über Boni in Millionenhöhe freuen.

In einer Reihe von Büchern hat Gray aus diesen Erfahrungen seine Schlussfolgerung gezogen.[19] Die Heilslehren, die im 20. Jahrhundert formuliert wurden und die versprachen, die Probleme der Menschheit zu lösen, hätten sich allesamt als Irrwege entpuppt. Auch von der Tradition der Aufklärung hat Gray sich losgesagt. Bestand eine ihrer größten Errungenschaften in der Überzeugung, dass die Menschen ihr Schicksal selbst in die Hand nehmen sollten, anstatt sich mit Gebeten an einen allmächtigen Gott zu wenden, so wandelte sich die Aufklärung später laut Gray selbst in eine eschatologische Heilslehre: Durch Technik und Wissenschaft sollte die Menschheit von all ihren Sorgen befreit werden. Doch dieser Traum ging nicht in Erfüllung, weil jede Lösung eines Problems neue Probleme schafft: Der wirtschaftliche Fortschritt und der damit einhergehende Wohlstand führten zu einem steigenden Energiebedarf, der wachsende Energieverbrauch verursacht wiederum die sich immer deutlicher abzeichnende Klimakatastrophe; die Einführung von Maschinen entlastete die Menschen zwar von anstrengender physischer Arbeit, beraubte jedoch zugleich eine ganze Klasse ihrer Würde und ihres Einkommens; der Fortschritt im medizinischen Bereich hat zu einem Anstieg der Lebenserwartung geführt, der die finanzielle Grundlage der Rentenkassen gefährdet. Kurz: Unsere Erfindungsgabe zeitigt unvorhergesehene Folgen, und wir haben keine Ahnung, wie wir diese wieder eindämmen sollen.

John Gray hat sich in einen dystopischen Pessimismus zurückgezogen, der an Schopenhauer erinnert. Der Glaube an politische Heilslehren sei nicht mehr als ein säkularer Überrest religiöser Mythen. Die optimistische Vorstellung vom Menschen, wie sie noch der Humanismus pflegte, sei bloß das Erbe der biblischen Idee, Gott habe den Menschen nach seinem Ebenbild geschaffen. In der rücksichtslosen Ausbeutung der Natur sieht Gray ein Erbe jenes Verses aus dem ersten Buch Mose, in dem die Menschen dazu aufgefordert werden, sich die Erde untertan zu machen. In Wahrheit seien wir aber nicht mehr als ein zufälliges Produkt der Evolution und könnten keinerlei Sonderstatus beanspruchen. Die menschliche Spezies sei mittlerweile zu einem Parasiten geworden, der im Begriff stehe, seinen Wirt – den Planeten Erde – zu ruinieren. Die rücksichtslose Ausbeutung der Natur erweckt in Gray tiefen Ekel. Fast erleichtert spekuliert er über die Möglichkeit, die Erde könne sich im Zuge einer immunologischen Reaktion von der Menschheit befreien.

Man muss Grays dystopischen Ekel an der Menschheit nicht teilen, aber seine Idee, der Fortschrittsglaube der Aufklärung sei nichts als ein Überbleibsel messianischer Heilslehren, ist interessant. Sicher: Die zivilisatorische Entwicklung war, vor allem in technologischer Hinsicht, beeindruckend. Im Laufe von nur wenigen Jahrtausenden – im Zeitmaß biologischer Evolution nicht mehr als ein Wimpernschlag – sind die menschlichen Gesellschaften zu überaus komplexen Gebilden angewachsen. Doch spätestens seit Hiroshima und Nagasaki hat die Annahme, diese Entwicklung sei eine uneingeschränkt positive, jede Überzeugungskraft verloren.[20] Seit 1945 ist die Menschheit in der Lage, sich selbst und die meisten Formen organischen Lebens auf der Erde innerhalb weniger Minuten auszulöschen. Und doch scheinen wir den Glauben, wir nähmen eine Sonderstellung ein, einfach nicht ablegen zu können. Seit Jahrzehnten warnen Forscher vor den Folgen des Klimawandels, aber wir sind derart davon überzeugt, dass wir einen Anspruch auf all die technischen Errungenschaften haben, die uns das Leben erleichtern, dass es uns schlicht nicht in den Sinn kommt, auf etwas zu verzichten, um unseren Planeten zu schützen. Zwar ist das Stichwort »Nachhaltigkeit« in aller Munde, doch tief in uns drin scheinen wir nicht zu glauben, es könne uns wirklich etwas geschehen – als stünden wir tatsächlich über dem Naturgefüge und hätten einen Anspruch auf Glück, ein unkompliziertes Leben und Freiheit.

Und genau hier stoßen wir auf den gemeinsamen Nenner der Kritikpunkte der besprochenen Denker. Sie alle beklagen, dass die Menschen im Westen die freiheitliche Ordnung als etwas betrachten, das uns »die Gesellschaft« schuldig ist. Wenn etwas nicht funktioniert oder nicht so läuft, wie wir uns das vorstellen, dann, so glauben wir, hat jemand – die Eltern, die Gesellschaft, die Politik, der Staat – seine Aufgabe nicht richtig erledigt, weshalb er, bitte schön, für Ersatz sorgen müsse. Der Gedanke, dass *wir* die Gesellschaft sind, dass die Demokratie nicht nur eine Angelegenheit der Politiker, sondern auch der Bürger ist, scheint immer mehr auf dem Rückzug zu sein.[21] Ich fürchte, Benjamin Barber hat recht mit seiner Behauptung, die Demokratie sei in ernsthafter Gefahr: Wenn ein Mann wie Donald Trump, der seinen Wahlkampf wie eine Realityshow geführt hat, Tatsachen für frei interpretierbar hält und auf sachliche Kritik reagierte, indem er seine Kontrahenten lächerlich machte und sie brutal angriff, ins Weiße Haus gewählt wird, dann ist es um die freiheitliche Ordnung schlecht bestellt.

Auf der politischen Ebene besteht die tiefe Krise dieser Ordnung letztendlich darin, dass ein beträchtlicher Teil der Bewohner der westlichen Welt insgeheim glaubt, irgendjemand werde kommen und für alle unsere Probleme eine Lösung finden, die uns Wohlstand, Sicherheit und endlose Unterhaltung garantiert. Eine solche Lösung kann und wird es jedoch nie geben: Jede Strategie hat ihre Vor- und Nachteile, und kein Mensch, ob Sozialwissenschaftler oder Politiker, kann voraussagen, wie sich Wirtschaft, Politik und Gesellschaft entwickeln werden. Der Wunsch der Bürger nach starken Führungsfiguren begünstigt jedoch gerade Politiker wie Trump, Putin, Le Pen und ihre rechtspopulistischen Kollegen, die radikale Lösungen für alle Probleme versprechen und dabei vor keiner Realitätsverzerrung zurückscheuen. George Orwell hat herausgearbeitet, wie die Realität in totalitären Regimen systematisch verfälscht wird. Das Phänomen Trump zeigt, dass auch liberale Demokratien gegen eine bewusste Verzerrung der Realität nicht geschützt sind.

Der Kampf um die Nominierung des republikanischen Präsidentschaftskandidaten und die Schlammschlacht zwischen Clinton und Trump während des Wahlkampfs wären als Spektakel vielleicht ganz amüsant gewesen, wenn Donald Trump nicht zum Präsidenten der einzigen verbliebenen Supermacht gewählt worden wäre. Spätestens mit seiner Rede über mexikanische Einwanderer hatte er sich dabei eigentlich als ernst zu nehmender Kandidat diskreditiert. Schließlich hatte er behauptet, Mexiko sende Drogen, Kriminelle und Vergewaltiger in die USA. Tatsächlich war es jedoch diese Bemerkung, die seinen Aufstieg in den Meinungsumfragen erst so richtig beschleunigte. Trump milderte seine Rhetorik in der Folge nicht im Geringsten ab. Einige Wochen später gab er bekannt, er wolle elf Millionen illegale Immigranten aus den USA deportieren. Ganz unabhängig von der Frage, ob eine solche Position moralisch vertretbar ist, handelt es sich insofern um einen billigen populistischen Trick, als niemand erklären kann, wie ein solcher Plan praktisch umgesetzt werden soll.

Ein anderes Beispiel lieferte Marine Le Pen, die wenige Stunden nach dem *Charlie-Hebdo*-Massaker forderte, man solle die Todesstrafe für Terroristen einführen. Nun ist es schon immer eine Taktik populistischer Politiker gewesen, Tragödien auszunutzen, um den Zorn der Bürger für die eigenen Zwecke zu instrumentalisieren. Le Pens Äußerung war jedoch schon beinahe lachhaft zynisch, da es sich bei dem islamistischen Terror, den sie ansprach, meist um Selbstmordattentate handelt und da die Märtyrer-Ideologie den Heldentod idealisiert.

Der wachsende Erfolg solcher Populisten ist Anlass zu tiefer Sorge, liefert er uns doch einen Hinweis darauf, dass immer mehr Bürger des Westens sich nicht länger die Mühe machen, über die Probleme unserer Gesellschaft ernsthaft nachzudenken, und lieber denjenigen ihre Stimme geben, welche die primitiveren Schichten der menschlichen Psyche (Fremdenhass, Mobbing, Ressentiment) mobilisieren. Wenn die politische Kultur mit solchen Manipulationen gekapert wird, verliert die Idee der Freiheit ihren positiven Gehalt.

Glücksberechtigung und das wahre Selbst

Passivität, Anspruchsdenken und Konsummentalität beeinträchtigten neben dem öffentlichen auch das private Leben vieler Menschen. Das hat aus meiner Sicht viel mit der bereits erwähnten auf Jean-Jacques Rousseau zurückgehenden romantischen Vorstellung zu tun, in jedem von uns stecke ein wahres Selbst das bisweilen so tief vergraben sei, dass wir uns seiner Existenz nicht einmal mehr bewusst sind. Wenn es uns freilich gelänge, dieses wahre Selbst zu verwirklichen, würden wir zu lebensfrohen und kreativen Menschen.

Genau genommen, gibt es diesen Mythos in zwei Spielarten: So hat eine ganze Reihe von Autoren geltend gemacht, wir würden gerade von den Menschen, zu denen wir den engsten Kontakt haben, daran gehindert, unser wahres Selbst zu entwickeln: unseren Eltern. Wenn jemand unglücklich sei, habe das damit zu tun, dass ihm in seiner Kindheit Unrecht widerfahren ist. Um ihm den Weg zum Glück zu ermöglichen, müsse er unter therapeutischer Anleitung die im Kindesalter erlittene Traumatisierung erneut durchleben. Dank einer solchen Regression könne das begrabene, versteckte, verlorene Selbst dann endlich zum Vorschein kommen. Das wahre Selbst soll also durch eine Art Wiedergeburt freigelegt werden.

Dann gibt es die zweite Variante, der gemäß unser wahres Selbst durch gezielte Anstrengung entwickelt werden kann, wobei das wahre Selbst auch hier als eine Art Schmetterling gilt, der nur befreit werden muss, um sein Glück zu finden und zu Höchstleistungen imstande zu sein. Wir waren zu faul, hatten die falschen Lehrer oder irgendeine Instanz hat uns Angst vor uns selbst eingejagt, so dass wir es nicht wagen, unser volles Potenzial zu entfalten. Das ist die Idee der Selbstverbesserung, die sich insbesondere in den USA enormer Popularität erfreut und auf die ich im zweiten Teil dieses Essays zurückkommen werde.

Der Siegeszug des Mythos vom wahren Selbst begann in den sechziger Jahren. Damals formierte sich, vor allem in Kalifornien, das sogenannte »Human Potential Movement«. Seine Anhänger behaupteten, das einzig wahre Lebensziel bestehe darin, sein inneres Potenzial vollständig zu verwirklichen. Freuds unsterbliches Diktum, jede Therapie ziele auf die Umwandlung von hysterischem Leid in alltägliches Unglücklich-Sein, wurde nun als Ausdruck einer verklemmten bourgeoisen Kultur verstanden: Wir seien doch zu viel mehr fähig und berechtigt!

Im Lauf der sechziger und siebziger Jahre wurden die ersten Babyboomer erwachsen. Sie hatten weder die wirtschaftliche Not in den Zeiten der Großen Depression noch die Schrecken des Zweiten Weltkrieges erlebt. Sie wurden Zeugen eines rasanten Wirtschaftswachstums, eines umfangreichen Ausbaus des Hochschulwesens und der Liberalisierung kultureller Normen, insbesondere im Bereich der Sexualität. Die Werte ihrer spießigen Eltern erschienen ihnen armselig und lächerlich: Erfolg im Job, ein eigenes Auto und, wenn das Geld dann noch reichte, ein neuer Fernseher – das waren für sie keine Ziele, die ein erfülltes Leben definierten. Jetzt standen Werte wie Kreativität, Freiheit und vor allem Selbstverwirklichung im Vordergrund. Für eine stabile Ehe auf sexuelle Erfüllung verzichten? Wie hatte man sich nur mit solchen Einschränkungen abfinden können, wo es doch möglich war, mithilfe tantrischer Techniken, die – so zumindest der Mythos – in Indien schon seit Jahrtausenden praktiziert wurden, und mit wechselnden Partnern bislang unbekannte Dimensionen der sexuellen Befriedigung zu erkunden? Dazu gab es dann noch Marihuana für die Schüchternen und LSD für die Abenteuerlustigen. Die neue Befreiungstheologie, die Gurus wie Herbert Marcuse[22] im Namen des Marxismus, Norman Brown[23] im Namen einer orgiastisch erweiterten Psychoanalyse und Stanislav Grof[24] im Namen der Befreiung durch LSD propagierten, gipfelte in den Studentenunruhen von 1968. Für die junge Generation war das gesamte soziale und wirtschaftliche System nichts als eine große Unterdrückungsmaschinerie, welche die Menschen zu kleinen Rädchen im Getriebe des Kapitalismus machen sollte.

Die neuen Koryphäen aus Frankreich, unter ihnen Michel Foucault, Gilles Deleuze und Félix Guattari, Jacques Derrida und Jacques Lacan, lieferten das Vokabular, das es den rebellischen Studenten ermöglichte, bürgerlichen Spießern zu erklären, dass sie ihr Leben verschwendeten. Man musste seine Begierden sprechen lassen und durfte sich nicht fürs System kleinmachen – vielleicht war Trotzkis Behauptung, unter den Bedingungen des wissenschaftlichen Sozialismus könne der Durchschnittsmensch die Größe eines Aristoteles, Goethe oder Marx erreichen, eben doch eine reale Möglichkeit. Glück und Selbstverwirklichung waren kein Luxus, an den man denken konnte, nachdem man schön brav die Pflichten von Karriere und Familie erfüllt hatte, sondern ein Grundrecht! Mit Rousseau fragte die neue Generation, wie es denn sein könne, dass der Mensch frei geboren sei und doch überall in Ketten lebe. Die einen sahen das Paradies in der Sowjetunion oder im maoistischen China schon verwirklicht (wobei sie über die wahren Zustände in diesen Ländern kaum etwas wussten). Die anderen folgten den Hippies und den Gurus: In Indien seien schon seit Jahrtausenden Wahrheiten bekannt, die der rationalistische Westen nie begriffen habe und auch nie begreifen werde.

Nicht all diese Ideen und Theorien waren bloße Hirngespinste. Viele der Argumente, mit denen die Gesellschaft kritisiert wurde, ließen sich empirisch belegen. So hatte etwa der US-amerikanische Soziologe David Riesman in seinem Klassiker *Die einsame Masse* gezeigt, wie radikal sich die Vereinigten Staaten gewandelt hatten: Die meisten Menschen ließen sich nicht länger von Prinzipien und Überzeugungen leiten, sie hatten ihre Autonomie verloren. Stattdessen versuchten sie, die Erwartungen ihrer Umgebung zu erfüllen und im Wettbewerb mit den Nachbarn um den neuesten Kühlschrank oder das schönste Auto nicht zurückzufallen. Der Wirtschaftswissenschaftler John Kenneth Galbraith, dem man gewiss keine marxistischen Neigungen unterstellen konnte, hatte in klassischen Werken wie *Gesellschaft im Überfluß* und *Die moderne Industriegesellschaft* die grundlegenden Veränderungen des Spätkapitalismus herausgearbeitet: Der unregulierte Kapitalismus war nicht, wie neoliberale Ökonomen wie Ludwig von Mises und Milton Friedman behauptet hatten, in erster Linie das Reich und der Garant der Freiheit, sondern machte sie zu Konsummaschinen. Multinationale Konzerne wie General Motors, General Electric oder AT&T verfügten mittlerweile über so viel Macht, dass sie die Bedürfnisse der Käufer zu ihren Gunsten formen konnten. Das wichtigste Instrument dazu war die Werbung.

In der Fernsehserie *Mad Men*, der wohl bekanntesten popkulturellen Darstellung der Werbeindustrie, wird der Büroalltag in einer fiktiven Agentur mit ästhetischer und erzählerischer Präzision beleuchtet. Zu diesem Alltag gehört unter anderem die chauvinistische Grundhaltung der Männer: Frauen könne man vielleicht als Tippsen einstellen, aber Verantwortung sollte man ihnen besser nicht übertragen. Wenn sie im Beruf weiterkommen wollen, dann nur unter Einsatz ihres erotischen Kapitals. Aber auch die Beziehungen der Männer untereinander sind schwierig: Sie leben in einer von rücksichtslosem Konkurrenzkampf und Misstrauen geprägten Welt. Was zählt, sind allein die Abschlüsse, Loyalität gilt als Luxus. Vor allem die Entstehung der Werbeindustrie zeichnet die Serie anschaulich nach. Sie zeigt, wie Strategien ersonnen wurden, mit denen man nicht nur versuchte, die vorhandenen Begierden und Fantasien der Konsumenten anzusprechen, sondern zusätzlich neue Wünsche zu erzeugen. Die Kunden sollten das Gefühl haben, dass sie die neuesten Produkte – sei es nun eine neue Zigarettenmarke, der neue Chevrolet oder eine neue Spülmaschine – unbedingt haben *mussten*, wenn sie ein erfülltes Leben führen wollten. Der Hyperkapitalismus, in dem die Menschen durch die Beeinflussung ihrer Psyche zu bloßen Konsumenten gemacht werden sollten, war geboren. Insofern ist es verständlich, dass in jenen Jahren viele Menschen das Gefühl hatten, wahre Erfüllung sei entgegen den Verheißungen der Werbeindustrie eben gerade nicht in neuen Produkten zu finden. Bei aller Kritik an den Utopien jener Zeit dürfen wir nicht vergessen, dass in den spätkapitalistischen Gesellschaften tatsächlich einiges im Argen lag und dass die Revolutionen der sechziger Jahre viel Gutes bewirkt haben. Ich nenne hier nur die Fortschritte bei der Gleichstellung von Männern und Frauen sowie die Befreiung der Schwulen aus dem ängstlichen Leben im Schatten rechtlicher Verfolgung und gesellschaftlicher Ächtung.

Doch warum wirken die großen Hoffnungen der sechziger Jahre auf uns inzwischen geradezu naiv? Warum ist es heute fast unmöglich, Theoretiker wie Herbert Marcuse oder Norman Brown ernst zu nehmen? Nun, unter anderem deshalb, weil die Versprechungen hinsichtlich einer ganz anderen Welt und einer Politik, welche die Gesellschaft als ganze erotisieren würde, in der wirtschaftlichen Rezession der siebziger Jahre immer hohler zu tönen begannen. Viele der vormals revolutionären Studenten waren jetzt eher damit beschäftigt, einen Arbeitsplatz zu finden, als die Gesellschaft von Grund auf zu verändern. Wer weiterhin davon überzeugt war, der Westen sei der Ursprung alles Bösen und müsse zerstört werden, ging in den Untergrund. Die Mitglieder von Terrorgruppen wie der RAF oder den Roten Brigaden glaubten, die Welt durch Gewalt vom Kapitalismus, Zionismus und anderen Ungerechtigkeiten befreien zu können. Der Reiz dieser Erlösungsvisionen nahm nach und nach ab, und als sich herausstellte, dass die Sowjetunion und Maos China der Hölle viel ähnlicher waren als einem Paradies der Gerechtigkeit und Selbstverwirklichung, war der Traum ausgeträumt: Aus den Hippies von damals wurden erst die Yuppies der achtziger Jahre und dann die Vorstandsvorsitzenden von heute.

Der dionysische Traum der sechziger Jahre hat uns allerdings ein problematisches Erbe hinterlassen, denn er fußte auf dem Glauben, die freiheitliche politische Ordnung, die den Freiraum für die Proteste jener Zeit geschaffen hatte, und der wirtschaftliche Reichtum, der den Traum von einem besseren Leben ermöglichte, seien einfach so gegeben und nicht die Resultate einer enormen Kulturleistung. Mehr noch: Die freiheitliche Ordnung sei das fundamental falsche System und der wirtschaftliche Reichtum mit dem Leid der Unterdrückten erkauft. Eigentlich könnte es uns Menschen sehr viel besser gehen. Glück und Selbstverwirklichung seien Grundrechte, und wenn sie nicht erfüllt würden, dann müsse ja wohl jemand daran schuld sein. Die Frage war nur, wer.

Da sich die Hoffnungen auf eine politische Umwälzung nicht realisierten, übertrug man die Utopien von der Gesellschaft auf die Einzelnen. Versprochen wurde nun nicht länger eine Revolution, sondern die Entdeckung des wahren Selbst.

Psychologen und Psychoanalytiker wie Alice Miller, Arthur Janov, Jeffrey Masson oder Ronald Laing verkündeten, die Schuld für das Unglück der Menschen sei nicht mehr bei der Gesellschaft oder der Politik zu suchen, sondern bei den Eltern. Eigentlich könne jeder glücklich und kreativ sein, aber vielen sei in ihrer Kindheit von den Eltern Unrecht angetan worden, und das sei die Ursache für die gegenwärtigen Missstände. Dieser Glaube führte zu einer heute absurd anmutenden Flut an psychotherapeutischen Neuerfindungen.[25]

Den Ausgangspunkt bildeten die psychoanalytischen Theorien des Briten Donald Winnicott. Er vertrat die Ansicht, die Entwicklung von Kleinkindern hänge in hohem Maß davon ab, dass ihre Bedürfnisse von ihnen nahestehenden Personen ausreichend befriedigt würden.[26] Wenn diese Personen – Winnicott dachte hier in erster Linie an die Mütter – den Kindern hingegen ihren Willen und ihren Rhythmus aufzwängen, entwickelten die Kinder eine Art Schutzschicht: ein falsches Selbst, das der Umgebung gefügig gibt, was sie fordert. Das Tragische sei, dass solche Kinder im Lauf der Zeit den Kontakt mit dem abgespaltenen, authentischen Selbst verlören. Wenn sie dann als Erwachsene psychologische Hilfe suchten, klagten sie darüber, dass sie sich unwirklich fühlten, wie Automaten, die leblos durchs Leben stolpern. Keiner ihrer Kontakte zu anderen Menschen sei authentisch, und sie hätten verlernt, was Lebensfreude ist. Winnicotts therapeutische Antwort war radikal: Patienten mit derartigen Problemen müssten in der Therapie die Gelegenheit bekommen, in das Stadium zu regredieren, in dem ihr Selbst gespalten wurde und sie den Kontakt mit der eigenen Spontaneität verloren hatten, also in die ganz frühe Kindheit. Winnicott setzte diese Idee in seiner therapeutischen Praxis konsequent um: Er begrenzte die Dauer der Sitzungen mit solchen Patienten nicht und hielt sie manchmal wie

Kleinkinder auf dem Schoß, um so einen Raum für präverbale Kommunikationsformen zu schaffen, die – gemäß seiner Theorie – einen Zugang zum wahren Selbst ermöglichen sollten.

Anfang der siebziger Jahre formulierte Heinz Kohut, ein in Wien geborener Psychoanalytiker, der in Chicago arbeitete und lehrte, einen neuen Ansatz, den er Selbstpsychologie nannte.[27] Kohuts zentrale These lautete, die klassische Psychoanalyse habe die Grunddynamik menschlicher Entwicklung nicht richtig verstanden. Kleinkinder seien nicht die gierigen, von Trieben gesteuerten Monster, für die sie Theoretiker wie Sigmund Freud und Melanie Klein gehalten hatten. Sie wollten keinen Sex mit der Mutter und auch nicht den Vater töten, sondern brauchten empathisches Verständnis für ihre Bedürfnisse. Wenn die Eltern zu solchem Verständnis nicht fähig seien, fühlten sich die Kinder wie tot. Um sich psychisch am Leben zu erhalten, würden sie dann wirklich sexuelle oder andere Obsessionen entwickeln, wie sie in der klassischen psychoanalytischen Triebtheorie beschrieben worden waren. Diese Obsessionen seien jedoch nicht Teil der normalen Entwicklung, wie Freud behauptet hatte, sondern Zerfallsprodukte eines kindlichen Selbst, das von seiner Umgebung nicht verstanden und unterstützt würde.

Winnicott und Kohut veränderten die Perspektive der psychoanalytischen Theorie radikal: Menschliches Leben sei eben nicht unausweichlich komplex, schwierig und von Konflikten geprägt. Freuds stoischem Klassizismus setzten sie eine von Rousseau inspirierte psychoanalytische Romantik entgegen.[28] Wie der Philosoph aus dem 18. Jahrhundert gingen sie davon aus, dass Menschen grundsätzlich gut auf die Welt kommen und es auch bleiben würden, wenn sie nur die richtige psychologische Unterstützung erhielten. Sie würden sich dann zu lebensfrohen, kreativen und empathischen Erwachsenen entwickeln. Im Gegensatz zu Marcuse, Brown und den anderen Vertretern sozialer Utopien glaubten Winnicott und Kohut nicht, die Lösung für die Probleme der Menschen müsse auf der politischen Ebene gesucht werden. Vielmehr hofften sie, den Menschen durch Veränderungen in den Beziehungen zwischen Eltern und ihren Kindern ein psychisch gutes und glückliches Leben ermöglichen zu können. Diese Generation psychoanalytischer Romantiker hat viel Gutes bewirkt. Zahlreiche Therapeuten haben von ihnen gelernt, ihren Patienten die emotionale Unterstützung zu gewähren, die sie dringend benötigen.

In der Populärpsychologie wurden ihre Ideen allerdings auf Arten weiterentwickelt, die weder Winnicott noch Kohut je intendiert hatten. Die im deutschen Sprachraum wohl bekannteste Autorin, die sich auf die Ideen der psychoanalytischen Romantiker berief, war Alice Miller. In ihren ersten Arbeiten formulierte sie noch Gedanken, die heute von den meisten Psychoanalytikern akzeptiert werden. So argumentierte sie beispielsweise in einem Artikel, der die Grundlage für das erste Kapitel ihres Bestsellers *Das Drama des begabten Kindes* bildete, bei Patienten, die bereits als Kinder den Kontakt mit ihren authentischen Gefühlen verloren hätten, bestünde die Gefahr, dass sie diese Traumatisierung in der psychoanalytischen Therapie erneut durchleben würden.[29] Da sie ohnehin schon die Neigung hätten, sich den Bedürfnissen anderer (ursprünglich der Eltern) zu sehr anzugleichen, würden sie, wenn der Analytiker seine Theorien und Anschauungen durch seine Patienten bestätigt sehen möchte, genau das psychoanalytische »Material« »produzieren«, das der Analytiker erwartet. Damit verpassten sie die Chance, durch den therapeutischen Prozess zu einer authentischen Lebensform zu gelangen. Deshalb, so Miller, sei es von größter Wichtigkeit, dass der Analytiker es nach Möglichkeit vermeidet, Patienten zur Erfüllung seiner eigenen Bedürfnisse zu missbrauchen. Er solle ihnen stattdessen die Möglichkeit geben, ihren Schmerz und ihre Wut über das verlorene authentische Selbst aus ihrer Kindheit auszudrücken, so dass sie dieses wieder realisieren könnten.

Das war allerdings erst der Anfang. Miller entwickelte nach und nach eine Heilslehre, die sie apodiktisch verkündete. Mit ihren zahlreichen Büchern wollte sie ihre Leser davon überzeugen, dass deren Unglück auf Misshandlungen in der Kindheit zurückzuführen sei. Ein authentisches Leben könne nur führen, wer auf kreative Art den abgesplitterten, vergessenen und verdrängten lebendigen Persönlichkeitskern wieder zum Vorschein bringe.

Bereits 1970 hatte der kalifornische Therapeut Arthur Janov seinen Bestseller *Der Urschrei* veröffentlicht.[30] Darin vertrat Janov die These, seelischer Schmerz ließe sich auf frühe Traumata zurückführen und die einzige Möglichkeit, diese seelischen Verwundungen zu heilen, sei eine Katharsis, in der diese Traumata und die damit verbundenen Gefühle von Schmerz und Wut erneut durchlebt würden. Janov, ein charismatischer, gutaussehender Mann, besaß eine Neigung zur Übertreibung und Selbstüberschätzung. Anfänglich behauptete er allen Ernstes, jeden seiner Patienten heilen zu können. Damit versprach er etwas, was keine der etablierten therapeutischen Schulen überhaupt nur erwägen würde. Freud und Jung gingen beispielsweise davon aus, etwa einem Drittel ihrer Patienten sehr, einem Drittel ein wenig und dem letzten Drittel gar nicht helfen zu können. Dennoch waren Janovs Versprechungen verführerisch, und das galt auch für die Ideen von Alice Miller. Ab dem Ende der achtziger Jahre erklärte sie, sie sei nicht länger Psychoanalytikerin. Überhaupt gelte es, die Psychoanalyse zu verwerfen, da man sie als Teil der »Schwarzen Pädagogik« betrachten müsse. Mit dem ursprünglich 1977 von der Soziologin Katharina Rutschky eingeführten und dann von Miller ausgearbeiteten Begriff wird der Versuch bezeichnet, Kinder durch Einschüchterung und Gewalt zur Anpassung zu zwingen. Miller schrieb eine ganze Reihe von Bestsellern, in denen sie den Menschen die Erlösung von ihrem Leid und einen Weg zu einem authentischen Leben versprach. Sie propagierte, das Gefühl der Leere, das Streben nach Erfolg oder die Suche nach der Befriedigung perverser sexueller Bedürfnisse seien Folgen der mangelnden Empathie seitens der Eltern oder, schlimmer noch, von Misshandlungen in der frühen Kindheit. Doch außer ein paar Fallstudien und der Analyse einiger Biografien von Künstlern und anderen Persönlichkeiten lieferte sie für ihre Thesen keinerlei wissenschaftlich akzeptablen empirischen Belege wie großangelegte Langzeitstudien oder statistische Vergleiche zwischen behandelten Patienten und Kontrollgruppen.

Die Grundideen dieser Populärpsychologie stießen eine problematische Entwicklung an: Immer mehr Menschen in der westlichen Welt betrachteten sich nun als Opfer und richteten sich in ihrer Bitterkeit und ihren Ressentiments ein. Außerdem entstand eine gefährliche begriffliche Konfusion: Dass Misshandlungen in der Kindheit – ob nun sexueller Missbrauch, physische Gewalt oder erniedrigende Erziehungspraktiken – Menschen schwer traumatisieren, ist wissenschaftlich eindeutig erwiesen.[31] Doch gerade deswegen darf der Trauma-Begriff nicht trivialisiert und seines Gehaltes entleert werden, indem er auf alles menschliche Unglück verallgemeinert wird. Dies führt letztlich nicht zu mehr seelischer Ruhe, sondern zu der Überzeugung, man sei nicht glücklich, weil einem Unrecht angetan wurde und die Welt einem deshalb etwas schuldig sei. Wie wir im zweiten Teil sehen werden, gibt es in der menschlichen Existenz tiefliegende strukturelle Ursachen für Phänomene wie Unglück und Leere, und ein Teil der psychischen Gesundheit besteht in der Fähigkeit, mit diesen Schwierigkeiten umzugehen.

Ich muss wohl nicht extra darauf hinweisen, dass keine dieser therapeutischen Heilslehren ihren Versprechungen auch nur annähernd gerecht wurde. Arthur Janov praktiziert zwar bis heute, aber seine Behauptung, er habe alle seine Patienten von ihren Kindheitstraumata befreit, ist durch keine einzige empirische Studie validiert worden. Den meisten anderen Theoretikern, die das wahre Selbst wieder zum Vorschein bringen wollten, erging es nicht viel besser. Die Frage, die wir uns stellen müssen, lautet demnach, warum diese Theorien im populären Diskurs eine so prominente Rolle gespielt haben. Die Autoren und Ansätze, die ich ausgewählt habe, sind ja nur Beispiele für die vielen psychologischen Heilslehren, die zu jener Zeit auf dem Kulturmarkt und in den Medien enorm einflussreich waren. Die einfachste Möglichkeit, sie zu widerlegen, besteht darin, ihre Vertreter als Scharlatane oder Schlimmeres zu entlarven, was in vielen Fällen auch geschehen ist.[32] Ich denke jedoch, diese Demaskierung der Gurus übersieht die kulturelle Kraft der von diesen Autoren formulierten Illusionen und die Attraktivität von Erlösungsfantasien: Menschen sind nicht willens oder fähig, Freiheit als Risiko, aber auch als Abenteuer zu erleben. Wir akzeptieren nicht, dass wir endlich, sterblich, unvollkommen und verletzlich sind – und dass es a priori überhaupt keinen Grund gibt, warum wir alle glücklich sein sollten. Viele der Theoretiker des heilen, wahren Selbst waren weder Manipulatoren noch hatten sie es einfach auf Ruhm und finanziellen Erfolg abgesehen. Viele von ihnen glaubten aus genau denselben Gründen an ihre eigenen Theorien wie die Millionen Leser, die von ihnen überzeugt wurden:

Sie suchten nach einer Erklärung für das Unglück der Menschen und nach Schuldigen für diese Misere.

Der Mythos des wahren Selbst, das durch irdische Einflüsse, den Körper und die materielle Welt korrumpiert wird und wieder zu sich selbst finden muss, ist einer der wirkungsvollsten Ausdrücke dieser Leugnung und hat eine lange Geschichte. Ich kann den Ursprüngen, Varianten und Weiterentwicklungen der Idee vom wahren Selbst hier nicht in aller Ausführlichkeit nachgehen.[33] Entscheidend ist aber, dass er aus derselben Quelle stammt wie die vielen anderen, vor allem religiösen Mythen, welche die Hoffnung auf ein anderes, besseres Leben genährt haben. Die Utopie des wahren Selbst und die religiösen Heilsversprechen sind allesamt davon ausgegangen, dass der Mensch in gewisser Hinsicht an einer inneren Inkohärenz, an einer tragischen Spannung leidet, die es ihm unmöglich macht, sich vollständig zu fühlen. Die Erlösung, wenn es denn überhaupt eine gibt, kann erst nach großen Qualen, enormer Anstrengung oder schmerzhafter Buße und auch dann erst im Jenseits oder in messianischen Zeiten gewährt werden. Die Wege zur Erlösung sind sehr unterschiedlich beschrieben worden: Die heiligen Schriften der Buddhisten erzählen von einem Leidensweg mit immer neuen Inkarnationen, auf dem sich die Seele so weit läutert, bis sie das Nirwana erreicht. Das Christentum stellt die Erlösung von der Erbsünde im Jenseits in Aussicht. In der lurianischen Kabbala findet sich das metaphysische Drama des Zerbrechens der *sephirot*, der göttlichen Gefäße, und der Befreiung des göttlichen Lichts im Prozess des *tikkun olam*, der messianischen Heilung der Welt. Der Islam verspricht den Gläubigen das Paradies, das sie durch den Dschihad, den immerwährenden Kampf gegen Unglauben und um Selbstläuterung, erreichen können. Der postmoderne Westen hat hingegen nicht nur den Geschmack an der tragischen

Dimension des Lebens verloren, sondern leugnet meist, dass diese überhaupt existiert: Ein schwieriges oder misslungenes Leben sei die Folge einer nicht erbrachten Dienstleistung, die uns die Welt schuldig ist. Kinder werden in dem Glauben erzogen, die Eltern seien dafür verantwortlich, dass sie zu kreativen Menschen heranwachsen, die sich selbst verwirklichen können und ein gesundes soziales Vertrauen an den Tag legen. Die Gesellschaft schulde ihnen nicht nur eine gute Schulausbildung und gesundheitliche Fürsorge auf dem neuesten Stand der medizinischen Forschung, sondern auch Anerkennung, materielles Wohlergehen und Respekt für ihre individuelle und kollektive Identität. Menschliches Glück soll im Westen nicht mehr ein seltener, hart zu erarbeitender und instabiler Zustand sein, sondern ein Geburtsrecht. Und Freiheit gilt nicht mehr wie in der klassischen Philosophie als das immer prekäre Resultat permanenter Arbeit am Selbst, als das Ergebnis eines andauernden existenziellen und mentalen Trainings, sondern ähnlich wie Schulferien als etwas, das uns einfach zusteht. Um es mit den Worten der Band Queen zu sagen: »I want it all, and I want it now«.

Wir sind an dem Punkt angelangt, an dem wir den gemeinsamen Nenner so unterschiedlicher Kulturkritiker wie Houellebecq, Barber, Finkielkraut oder Gray herausarbeiten können. Gemeinsam ist ihnen der Gedanke, wir Bewohner der westlichen Wohlstandsgesellschaften seien zutiefst davon überzeugt, das gute Leben gehöre zu den gesellschaftlichen, politischen oder persönlichen Grundrechten. Man muss den Ekel, den einige dieser Autoren angesichts der westlichen Lebensweise empfinden, nicht teilen, um zu dem Schluss zu kommen, dass die These, der Mainstream der postmodernen westlichen Kultur habe den Geschmack am Tragischen verloren, in gewisser

Weise zutreffend ist. Nicht umsonst haben Denker wie Gray und der große polnische Philosoph Leszek Kołakowski immer wieder darauf hingewiesen, im Vergleich zu der Einsicht der großen Religionen, laut denen der Mensch ein von Natur aus fehlerhaftes und unvollkommenes Wesen ist, sei der Aufklärungsoptimismus oberflächlich. Doch dabei handelt es sich um einen Kurzschluss: Wie wir sehen werden, mangelte es in der Moderne keinesfalls an ästhetischen, philosophischen und psychologischen Ansätzen, welche die Tragik des menschlichen Daseins ohne religiöse Vorzeichen packend und tiefgehend beschrieben und analysiert haben.

Teil II

Modernistische Tragiker: Freiheit als Disziplin

Moderne Tragiker von Baudelaire bis Lucian Freud

Der Modernismus, entstanden in der Mitte des 19. Jahrhunderts in Paris, bietet eine der faszinierendsten Explorationen der Komplexität unserer Existenz. Er erlebte Ende des 19. Jahrhunderts in Wien eine wichtige Blütezeit, fand dann seinen Weg in das Berlin der Weimarer Republik, um schließlich nach 1945 in der Kunst- und Kulturszene New Yorks an sein Ende zu gelangen. Mir geht es hier nicht um eine ausführliche Beschreibung des Modernismus.[34] Mein Anliegen ist, anhand einiger der wichtigsten Protagonisten dieser Strömung aufzuzeigen, dass es ein spezifisch modernes Verständnis der tragischen Dimension der menschlichen Existenz gibt, das uns historisch, kulturell und gedanklich näher ist als die großen Religionen und die klassische Philosophie. Die Begrifflichkeit des Modernismus verzichtete meist auf Metaphysik und Religion, seine Vertreter verstanden den Menschen als rein natürliches Wesen. Die Tragik der *conditio humana* interpretierten sie nicht als theologisches Drama, sondern ausgehend von den Erkenntnissen der neuzeitlichen Natur- und Geisteswissenschaften: Einerseits bewegen wir uns, wie alle anderen natürlichen Wesen, in einer Welt, die von kausalen Gesetzen beherrscht wird. Andererseits hat uns die Evolution mit Selbstbewusstsein ausgestattet, und wir haben eine komplexe Zivilisation errichtet, die ungeahnte Potenziale freigesetzt hat. Die industrielle Revolution im 19. Jahrhundert leitete ein rasantes wirtschaftliches Wachstum ein, das sich trotz einiger Rückschläge bis heute fortgesetzt hat. Der Modernismus war der Versuch, die menschliche Existenz unter den Bedingungen zivilisatorischer Hochgeschwindigkeitsentwicklung zu verstehen.

Als exemplarische frühe Figur, ja vielleicht als der Begründer des Modernismus gilt laut Autoren wie Peter Gay, Walter Benjamin oder auch Michel Foucault der Dichter Charles Baudelaire, und dies aus guten Gründen. Baudelaire war einer der Ersten, die die Moderne als radikal neue Form des Lebens und Erlebens beschrieben und analysierten. Besonders deutlich wird das in seiner dem Illustrator Constantin Guys gewidmeten Schrift *Der Maler des modernen Lebens.* Charakteristisch für Guys' Werk ist laut Baudelaire die Konzentration auf das Ephemere, auf Momente des städtischen Lebens, an die sich später niemand erinnert, kleine Szenen, in denen oft soziale Randgestalten die Hauptrolle spielen. Baudelaire wählte als Gegenstand seiner Überlegungen ganz bewusst einen Künstler, der selbst gar nicht die Ambition hatte, zeitlose Werke zu schaffen, der von der breiteren Öffentlichkeit nicht wirklich rezipiert wurde und dessen Zeichnungen und Aquarelle nie in bedeutenden Museen ausgestellt wurden (im Grunde ist Guys' Name allein durch Baudelaire im historischen Gedächtnis verankert). Guys' Skizzen des Pariser Alltagslebens waren der totale Kontrast zum Neoklassizismus, der damals die akademische Kunstszene Frankreichs beherrschte und dessen Vertreter häufig mythologische Figuren darstellten, in einem Stil, mit dem sie sich in die europäische Tradition seit der Antike einschrieben und der darauf zielte, das Überhistorische, das Ewige der menschlichen Existenz auszudrücken. Baudelaire nahm die Auseinandersetzung mit Guys zum Anlass, die Fähigkeit, sich vom Vergänglichen faszinieren zu lassen, sich dem Leben ohne jede Illusion der Unsterblichkeit hinzugeben, als den heroischen Gestus der Moderne herauszuarbeiten.

Baudelaire entwickelte sein Verständnis von Modernität in einer ständigen Auseinandersetzung mit der künstlerischen Tradition, aber auch in einem fortlaufenden häretischen Dialog mit dem Christentum. In dem Gedichtband *Die Blumen des Bösen*, der ihm einen Platz im Pantheon der Literaturgeschichte bescherte,[35] kommen seine ketzerischen Gedanken besonders konzentriert zum Ausdruck. Baudelaire stellt die menschliche Existenz in ihrer tragischen Zerrissenheit zwischen der Sehnsucht nach etwas Heiligem und dem Bedürfnis dar, alle moralischen Gesetze zu überschreiten. Der Chronist der Dekadenz und des existenziellen Ennui nimmt dabei immer wieder Bezug auf Gott und den Teufel, so beispielsweise am Anfang von *Die Blumen des Bösen*:

> Verirrung, Dummheit, Sünde, Lug erschüttern
> Im Fleisch uns, legen auf den Geist die Hand.
> Wir päppeln unseres Gewissens Brand
> Wie Bettelleute Ungeziefer füttern.
>
> Wir büßen feige; unsere Sünden hecken;
> Wir nehmen für Geständnis Wucherpreis,
> Begehn dann lustig neu verschlammtes Gleis
> Im Wahne feile Tränen löschten Flecken.
>
> Der Große Satan auf des Bösen Kissen
> Erst lange die behexte Seele wiegt,
> Und unsres Willens reiches Erz verfliegt
> In Dampf vor dieses Alchimisten Wissen.
>
> Gleich den Verbuhlten ohne Geld, die fressen
> Der alten Hure ausgeschundene Brust,
> Ergaunern hehlings wir am Wege Lust,
> Die wir wie alte Apfelsinen pressen.[36]

Baudelaire ist einer der großen Denker des Erdbebens, das der Anbruch der Moderne auslöste. Seine Urteile sind von einer Schärfe, wie man sie sonst nur von Nietzsche kennt. Der französische Lyriker war sich durchaus im Klaren darüber, dass wir Menschen moralische Maßstäbe und ein metaphysisches Obdach benötigen, war sich aber auch der Historizität solcher Prothesen bewusst. Wie sein Werk bewegte auch er sich auf dem schmalen Grat zwischen Bürgerlichkeit und Transgression. Zeitlebens sehnte er sich nach Stabilität und finanzieller Sicherheit, er war jedoch nicht bereit, im Gegenzug auf die Exzesse der Freiheit zu verzichten – ob es sich dabei nun um Bordellbesuche handelte oder um Haschischkonsum. Beides war für ihn nicht einfach nur ein Zeitvertreib, es hatte für Baudelaire vielmehr eine existenzielle Bedeutung. Seine unsterbliche Leistung besteht darin, der Zerrissenheit des Daseins einen modernen Ausdruck gegeben zu haben. Die Transgression erhob er dabei zum säkularen Äquivalent religiöser Rituale. Mit jedem seiner Gedichte, die für die konservativ-religiösen Befindlichkeiten seiner Zeit einen Skandal darstellten, versuchte er, die Wahrheit über die menschliche Existenz offenzulegen.

Man könnte sich nun mit dem Befund begnügen, Baudelaire habe auf eine spießbürgerlich-moralistische Kultur reagiert, die wir längst hinter uns gelassen haben. In unserem Zeitalter, in dem Sexualität jenseits des heteronormativen Korsetts nicht länger verurteilt wird, seien Baudelaires Auseinandersetzungen mit dem Bösen und Sündhaften ein reiner Anachronismus. Ich denke, dies wäre ein gefährlicher Fehlschluss. Das Gefühl der Sündhaftigkeit ist keinesfalls verschwunden, es hat lediglich eine andere Form angenommen. Die scheinbare Liberalität unserer Kultur verdeckt, dass die meisten Menschen im Westen permanent unter der tiefen Angst leiden, ob sie denn »richtig« leben. Die Anzahl der Bücher und Selbsthilfe-Foren zu Fragen der »gesunden« Sexualität, zu Liebe und Partnerschaft wächst unablässig und hat die wirklich interessante Psychologie längst aus den Regalen der Buchhandlungen verdrängt. Weit davon entfernt, mit unseren – sexuellen, kulinarischen etc. – Begierden und Sehnsüchten gut zu leben, schauen wir uns ständig angsterfüllt um, weil wir sichergehen wollen, dass wir auch ja gegen keine Norm verstoßen. Haben wir genug, richtigen und gesunden Sex? Essen wir zu viel, zu wenig oder vielleicht zu viel rotes Fleisch? Die Angst vor der eigenen Begierde hat sich dabei von religiösen Vorgaben abgekoppelt: Die Strafe für Sündhaftigkeit ist nicht mehr die Hölle, sondern Übergewicht, mangelnde Fitness und möglicherweise ein Herzinfarkt.

Die schiere Leiblichkeit ohne Idealisierung unseres Seins sollte eines der großen Themen des Modernismus werden. Besonders gut demonstrieren lässt sich das am Beispiel eines weiteren Vorläufers dieser Bewegung: Gustave Courbet. Eines seiner bekanntesten Gemälde, *L'origine du monde* (»Der Ursprung der Welt«) aus dem Jahr 1866, ist bis heute ein Skandal geblieben. Das Bild zeigt den Torso einer nackten Frau, im Zentrum ist ihre detailliert gemalte Vulva zu sehen. Das Musée d'Orsay, wo das Gemälde seit 1995 ausgestellt wird, hat extra einen Wachmann zum Schutz des Bildes abgestellt, weil man fürchtet, ein Fanatiker könnte es beschädigen. Als die linksliberale israelische Tageszeitung *Haaretz* 2014 ein Foto des Werkes veröffentlichte, erhielt sie daraufhin Briefe von empörten Lesern, die drohten, ihr Abonnement zu kündigen. Im selben Jahr postete ein User das Bild bei Facebook, doch das US-Unternehmen löschte seinen Eintrag schon nach wenigen Stunden. In Anbetracht der Tatsache, dass im Internet Unmengen von Pornografie verfügbar sind, stellt sich die Frage, warum Courbets Gemälde noch immer die Gemüter erhitzt.

Ich denke, *L'origine du monde* weist eine besondere Qualität auf, die dafür verantwortlich ist, allerdings liegt diese nicht in dem vermeintlich pornografischen Charakter des Bildes begründet. Courbets Gemälde mag erotisch sein, aber die Darstellungsform ist nicht auf eine aufreizende Wirkung aus. Stattdessen wird die reine Leiblichkeit des weiblichen Körpers und spezifisch der halb offenen Vulva hervorgehoben, wobei das Bild diese Leiblichkeit weder idealisiert noch als abstoßend darstellt. Der Titel rückt das Geschlechtsorgan in den Kontext der Fortpflanzung und der Geburt – ein Kontext, der von Erotik normalerweise meilenweit entfernt ist. Für gewöhnlich assoziieren wir Geburt mit Schmerzen und mit den tiefen Gefühlen, die wir für das neu geborene Leben empfinden, aber nicht mit Sex. In der erotischen Darstellung des Geburtsorgans ist Courbet etwas sehr Seltenes gelungen. Er inszeniert die reine Leiblichkeit, ohne dabei auf die erotische Aura zu verzichten. Und genau darin besteht der Skandal von *L'origine du monde*: Das Gemälde verbindet die Leiblichkeit der Frau, die Geburt und Tod symbolisiert, mit der Erotik, die wir mit Begierde und der Lust am intensiven Erleben des Moments assoziieren. Natürlich wissen wir, dass Sexualität und Reproduktion zusammenhängen, aber im täglichen Leben sind sie unterschiedlichen kulturellen Sphären zugeordnet. Mit seiner Darstellung der Vulva in *L'origine du monde* vereinigt Courbet die Erlebnis- und die Kulturdimension, die wir sonst so weit wie möglich auseinanderhalten wollen – auch im 21. Jahrhundert.

Der Modernismus sollte aber noch viel weiter gehen: Gegen Ende des 19. Jahrhunderts revolutionierten in Wien Wissenschaftler, Künstler und Intellektuelle das Menschenbild von Grund auf. Ihre Erkenntnisse und Werke beeinflussen bis heute so unterschiedliche Disziplinen wie die Architektur, die Musik und die Philosophie.[37] Seinerzeit stand die Öffentlichkeit diesen Neuerungen allerdings skeptisch gegenüber, da man in der Hauptstadt der k. u. k. Monarchie bemüht war, die Illusion einer heilen Welt aufrechtzuerhalten. Noch unterhielt man sich in den Salons und Kaffeehäusern über die prominenten Schauspieler am Burgtheater oder die Tenöre und Sopranistinnen an der Staatsoper, als sei die politische und kulturelle Kontinuität mit der Vergangenheit eine unverrückbare Gegebenheit. Die Modernisten spürten jedoch bereits den kommenden Zusammenbruch der konventionellen Sicherheiten.

1894 erhielt Gustav Klimt zusammen mit Franz Matsch den Auftrag, die Decke des Festsaals der Wiener Universität zu gestalten. Als er einige Jahre später seine Entwürfe präsentierte, waren die Professoren empört. Klimt hatte nicht nur der historisch-konservativen Tradition in der Kunst, sondern auch der von eindeutigen Geschlechterrollen geprägten sozialen Ordnung den Rücken gekehrt. In seinen Bildern dominierten erotische Frauengestalten, die sich keinesfalls in einer passiven Position befanden. Diese weibliche Erotik war von enormer Kraft und strahlte eine Macht aus, die ebenso verderblich wie erbaulich sein konnte. Klimt scheute zudem nicht davor zurück, die weibliche Sinnlichkeit mit dem Tod in Verbindung zu bringen. In anderen Gemälden stellte er Frauen in autoerotischen Positionen dar, tief in ihre eigene Lust versunken, ohne Bedürfnis nach männlicher Liebe, was einer weiblichen sexuellen Autonomie Ausdruck verlieh, die eine Bedrohung für das offizielle Frauenbild jener Zeit darstellte.

Klimts Gemälde waren Vorboten eines Gezeitenwechsels in den Geschlechterverhältnissen. In der gesamten westlichen Welt geriet die Vorstellung ins Wanken, die Liebe der Frau gehöre ganz und gar ihrem Mann. Niemand wusste dies besser als die Ärzte in Wien und Paris. Die Wartezimmer ihrer Praxen füllten sich mit Frauen, die über alle möglichen Symptome – von Lähmungen über Husten und Blindheit bis hin zu Panikattacken – klagten, für die keine physiologischen Erklärungen zu finden waren.[38] Aber auch immer mehr Männer litten unter allgemeiner Schwäche, Antriebslosigkeit und Potenzproblemen. Bei den Männern lautete die Diagnose Neurasthenie, bei den Frauen Hysterie – und niemand wusste, wie man mit diesen Krankheiten umgehen sollte. Die Männer, so befürchteten viele Ärzte, hatten ihre sexuelle und ihre Lebensenergie in ihrer Jugend durch Masturbation verausgabt und waren sozusagen sexuell bankrott, wenn sie ihre Ehe eingingen. Mit dem hysterischen Leid der Frauen wussten die Mediziner gar nichts anzufangen. Was sollten sie auch tun? Explizit die Diagnose stellen, das Problem seien die gesellschaftlich verordnete Passivität und die Verdrängung der Lust? Also wies man wohlhabende Frauen in Sanatorien ein, wo sie Bäder nehmen und ihre Nerven beruhigen sollten. Mittellose Frauen hingegen wurden meist überhaupt nicht behandelt, oder man schickte sie in psychiatrische Anstalten wie das riesige Hôpital de la Salpêtrière in Paris, wo sie oft für Jahre blieben.

Modernistische Maler wie Klimt oder Egon Schiele, Schriftsteller wie Schnitzler oder Hofmannsthal und natürlich Sigmund Freud selbst waren von den im Fin de Siècle gängigen Krankheitsbildern nicht überrascht. Die moralistische Kultur jener Zeit war für sie eine brüchige Fassade, hinter der die Realität verborgen werden sollte. Also machten sich die Modernisten daran, diese Wirklichkeit zu entblößen. Klimt versammelte junge begabte Künstler um sich, und die Wiener Secession wurde zu einer wichtigen Bewegung innerhalb des Modernismus. Sie kritisierte traditionelle Kunst- und Gesellschaftsformen und entwickelte radikale Alternativen. Schiele, einer von Klimts begabtesten Protegés, sollte am eigenen Leib erfahren, dass diese Experimente nicht überall auf Zustimmung stießen. 1911 zog er im Alter von einundzwanzig Jahren mit seiner damals siebzehnjährigen Lebensgefährtin Wally Neuzil nach Krumau im heutigen Tschechien. Dort betrachtete man ihre Lebensweise als anstößig, und so zogen die beiden weiter in ein niederösterreichisches Dorf. Die Bewohner dort kamen mit dem Paar auch nicht besser zurecht. Schiele wurde des sexuellen Missbrauchs Minderjähriger angeklagt und in Untersuchungshaft genommen. Die Vorwürfe erwiesen sich als haltlos, trotzdem wurde er wegen »Verbreitung unsittlicher Zeichnungen« verurteilt und verbrachte insgesamt vierundzwanzig Tage im Gefängnis.

Heute, da Schiele als bedeutender Künstler des 20. Jahrhunderts anerkannt ist, mag es naheliegen, seine Verurteilung auf die spießbürgerliche Moral der Bewohner eines österreichischen Provinzkaffs zurückzuführen, aber damit ließe man einen wesentlichen Aspekt von Schieles Werk unberücksichtigt. Wir können davon ausgehen, dass der Richter, der Schiele verurteilte, die jahrtausendealte Tradition der Darstellung des nackten Körpers kannte, in der immer wieder Männer, Frauen, der Penis und die Vulva – oft im erotischen Kontext – dargestellt wurden. Wirklich problematisch, ja skandalös an Schieles Werken war und ist etwas anderes, und man muss die Ursache des Schocks, den seine Bilder auslösen können und sollen, auf einer sehr viel tieferen Ebene suchen als der des explizit sexuellen Inhalts: Schieles Gemälde zeigen den Menschen in der unerträglichen Nacktheit des Seins. Damit exemplifizieren sie etwas, das der US-amerikanische Philosoph und Kunstkritiker Arthur C. Danto mit Blick auf die Arbeiten Lucian Freuds (des Enkels des Begründers der Psychoanalyse) beschrieben hat:[39] Während die westliche Kunsttradition sowohl in der Antike als auch in der Renaissance und später der Klassik den Körper idealisiert dargestellt hatte (*nude*), haben Künstler wie Lucian Freud und eben auch Schiele den Menschen in seiner wirklichen Nacktheit (*nakedness*) gemalt. Freud wählte oft Modelle, die dem Schönheitsideal seiner Zeit ganz und gar nicht entsprachen, etwa den Performancekünstler Leigh Bowery, einen übergewichtigen, ja, fast unförmigen Mann. Freud besaß die beinahe gespenstische Fähigkeit, die schiere Materialität des menschlichen Körpers schonungslos darzustellen. Auch Schieles Gemälde entkleiden den Menschen aller Schutzschichten, die uns die Kultur zur Verfügung stellt. Anders als Courbet lassen uns Schiele und Freud nicht einmal den Trost der erotischen Attraktion, sondern sie erinnern uns daran, dass die Körper, die uns anziehen, letztendlich aus nichts anderem bestehen als aus Knochen, Muskeln, Fett und Sehnen. Schieles Darstellung ist dabei nicht distanziert anatomisch, sondern sie drückt die Angst vor unserem existenziellen Unbeschützt-Sein mit einer Wucht aus, die ihn zu einem der großen Vertreter des Expressionismus gemacht hat und die bis heute relevant bleibt. Wir werden sehen, dass auch unsere scheinbar hyperliberale Kultur sich mit dem Konflikt zwischen Leiblichkeit und Selbstbewusstsein sowie der damit verbundenen Angst überaus schwertut.

Superwomen und Normopathie

Es ist verführerisch zu denken, die Themen des Modernismus – Konflikt, Tragik, Leiblichkeit, Geschlechterdifferenzen und die Schwierigkeit, unter den Bedingungen der urbanen Hochgeschwindigkeitszivilisation zu leben – seien eine Sache der Vergangenheit. Sind die Werke Baudelaires, Courbets oder Schieles in der heutigen Zeit wirklich noch relevant? Haben wir die Verklemmtheit des viktorianischen Bürgertums nicht längst überwunden? Wir können in Museen Ausstellungen des verstorbenen Robert Mapplethorpe sehen, der (vor allem männliche) Geschlechtsteile, Sexualakte und sadomasochistische Szenen in allen möglichen Variationen fotografiert hat; selbst in Mainstream-Filmen ist es heute mehr oder weniger selbstverständlich, dass man darin nackte Schauspielerinnen und Schauspieler sieht. Auch Neosexualitäten, die früher einmal »Perversionen« genannt wurden, sind mittlerweile akzeptiert. Man könnte insofern meinen, die Spätmoderne hätte mit unserer Körperlichkeit ihren Frieden geschlossen.

Doch das ist eine optische Täuschung, nichts könnte der Realität weniger entsprechen: Die Körperlichkeit wird nicht in erster Linie als Quelle des Glücks erlebt, sondern als ein Stück Natur, das durch ständiges Training und Management, durch Diäten und Sport, durch Psychopharmaka und plastische Chirurgie in Schach gehalten, verbessert und kontrolliert werden muss. Die Angst vor der Leiblichkeit ist also keinesfalls verschwunden, möglicherweise ist sogar das genaue Gegenteil der Fall. So betont etwa die amerikanische Kulturhistorikerin Camille Paglia, wir Spätmodernen hätten weder mit der Natur noch mit dem Körper unseren Frieden gemacht.[40] Im öffentlichen Raum sind Werbebilder allgegenwärtig, auf denen anorektische Frauen und übermäßig muskulöse Männer zu sehen sind, deren Körper mithilfe von Photoshop zusätzlich optimiert wurden. Das Resultat kann man in einem beliebigen Fitnessstudio beobachten, wo obsessiv gestrampelt, gesteppt oder gerudert wird.

Ein weiterer Aspekt der ungeliebten Leiblichkeit ist der Alterungsprozess. Die Menschheit hat noch nie Gefallen gefunden am Altern, wie all die Mythen von Jungbrunnen usw. belegen, die bereits seit Jahrtausenden kursieren. Heute arbeitet jedoch eine ganze Industrie daran, diese Wunschvorstellung in ein wissenschaftlich begründetes Riesenbusiness zu verwandeln. Hochintelligente Menschen wie der Erfinder und Unternehmer Ray Kurzweil verkünden das neue Evangelium der technologisch herbeigeführten Unsterblichkeit: Schon in wenigen Jahrzehnten würden wir in der Lage sein, unsere Körper mithilfe von Nanotechnologie, Gentechnik und biochemischen Innovationen dauerhaft jung zu halten oder gegebenenfalls zu verjüngen.[41] Kurzweil mag ein Extremfall sein, doch die westliche Kultur tut alles, um das Altern und die Gebrechlichkeit aus dem öffentlichen Raum zu verdrängen. Das Unästhetische wird in Altersheimen und Spitälern versteckt.[42]

Auch die Geschlechterrollen, die zwar glücklicherweise nicht mehr so rigide sind wie im Wien oder London des 19. Jahrhunderts, bleiben ein ständiger Quell der Angst, man werde den hochkomplexen Anforderungen der »richtigen« und »gesunden« Weiblichkeit und Männlichkeit nicht gerecht. Es ist sicher richtig, dass die neurotischen Krankheitsbilder des Fin de Siècle, vor allem die Hysterie, in spätmodernen Gesellschaften nicht mehr zu finden sind; das Leiden an sozialen und kulturellen Erwartungen ist allerdings nicht verschwunden, sondern hat lediglich andere Formen angenommen. Wo Frauen, aber auch Männer einst in strikte Rollen eingesperrt waren und sich vor ihrer eigenen Sexualität fürchteten, leiden wir heute oft unter komplett unrealistischen Idealen von Männlichkeit, Weiblichkeit und harmonischer Partnerschaft sowie unter der Allgegenwart visueller Darstellungen spektakulären Erfolgs. Vor allem in Großstädten prägt das obere halbe Prozent der sozioökonomischen Pyramide die Atmosphäre immer stärker: Die Reichen treiben mit ihren teils grotesken Einkommen die Immobilienpreise in die Höhe, und ihre Erfolgsgeschichten werden in den Medien zelebriert. Im Gegenzug leiden diejenigen, die es nicht in diese exklusive Oberschicht schaffen – und das sind per definitionem die übrigen 99,5 Prozent –, unter dem Gefühl, sie hätten versagt. Was sie oft nicht wissen, ist, dass auch viele Mitglieder der schmalen Oberschicht mit der ständigen Sorge, sie hätten nichts wirklich Spektakuläres erreicht, und mit der tiefen Angst vor der Bedeutungslosigkeit leben, mit der ich mich an anderer Stelle beschäftigt habe.[43] Wie Eva Illouz überzeugend gezeigt hat,[44] resultieren all diese Entwicklungen in der allgegenwärtigen Furcht, den kulturellen Idealen nicht gerecht zu werden, und im permanenten Konsum mehr oder (vor allem) weniger professioneller Ratgeber, die (sich widersprechende) Rezepte anbieten, wie man »richtig« isst, »clever« investiert und wie man auf Kinder sensibel eingehen und sie gleichzeitig auf Hochleistung trimmen kann. Die Hysterie der Zeiten Freuds ist, so die 2011 verstorbene neuseeländische Psychoanalytikerin Joyce McDougall, von der Normopathie abgelöst worden,[45] dem krampfhaften Versuch, den Hochleistungsnormen unserer Gesellschaft gerecht zu werden.

Die endlose Flut von Büchern, Sendungen und Artikeln über die Frage, wie denn, vor allem für Frauen, die Forderungen von Karriere und Familie zu vereinbaren seien, deutet darauf hin, dass die Gegenwart die Ängste der Vergangenheit keinesfalls losgeworden ist, sondern ihnen nur neue Gestalt gegeben hat.[46] Die meisten Frauen entscheiden sich zwar weiterhin dafür, Kinder zu haben, die damit verbundenen Belastungen sind allerdings noch einmal gestiegen, denn fast alle Paare sind auf zwei Einkommen angewiesen, um einigermaßen ruhig und komfortabel leben zu können. Daher bleibt den meisten Frauen gar keine andere Wahl, als berufstätig zu sein. Frauen, die höhere berufliche Ambitionen mit Familie verbinden möchten, sind besonders unter Druck, da sie mit dem ständigen Schuldgefühl leben, sie würden ihre Kinder vernachlässigen, oder mit der Frustration, dass die Mutterrolle ihre Karriere in den entscheidenden Jahren bremst. Superwomen à la Sheryl Sandberg, die eine meteoritenhafte Karriere bei Hightech-Konzernen mit Mutterschaft verbunden haben, lösen bei unzähligen Frauen Minderwertigkeitskomplexe aus, wie ich aus meiner klinischen Arbeit nur zu gut weiß. Männer fühlen sich heute jedoch keineswegs wohler: Metrosexuelle Männer sind hin- und hergerissen zwischen dem Druck, ihre Männlichkeit zu beweisen – ob durch Muskelmasse, Extremsport, eine steile Karriere oder idealerweise allem zugleich –, und der Anforderung, empathische Freunde, Lebenspartner oder Väter zu sein, die sensibel auf die Bedürfnisse ihrer Lebenspartnerinnen und Kinder eingehen. In meiner psychoanalytischen Praxis sehe ich viele Männer, die mit Mitte zwanzig oder dreißig unter der Angst leiden, sie würden die große Karriere verpassen – oder hätten diese längst verpasst und seien nun zur Mittelmäßigkeit verdammt.

Die Idee, man müsse unablässig an sich arbeiten, richtet sich nicht allein auf den Körper. Einer der populärsten Mythen der Postmoderne besteht darin, dass auch im beruflichen und gesellschaftlichen Bereich alles möglich ist, wenn man sich nur genug anstrengt.[47] Dieser Gedanke ist tief in der puritanischen Theologie und im amerikanischen Transzendentalismus verwurzelt, laut denen das wahre Selbst kein Schmetterling ist, der von seinen Fesseln befreit werden muss, sondern etwas, das erst durch harte Arbeit zum Vorschein gebracht werden kann.

Mit dieser Variante des Mythos vom wahren Selbst ist ein universales Thema angesprochen: das Bedürfnis nach Anerkennung als zentraler Bestandteil der menschlichen Psyche. Viele träumen davon, etwas zu schaffen, das ihnen großen Ruhm einbringen wird. Die einen träumen von spektakulären Karrieren in Mainstream-Berufen oder als Unternehmer; Sporttalente hoffen auf den Durchbruch in ihrem Bereich. Und denjenigen, denen diese Optionen mangels Begabung oder finanzieller Mittel versperrt sind, hat die kapitalistische Spätmoderne einen neuen Weg zur Prominenz eröffnet. Realityshows haben sich in den letzten Jahrzehnten weltweit zu den lukrativsten TV-Formaten entwickelt. Zuschauern und Teilnehmern wird dabei das Versprechen verkauft, jeder könne sozusagen über Nacht berühmt werden. Im Zentrum steht dabei stets das Narrativ vom hässlichen Entlein, dem der Durchbruch gelingt. In manchen Sendungen muss man dazu immer noch irgendwie singen, tanzen oder modeln können, in Formaten wie *Big Brother* ist nicht einmal das nötig: Die Teilnehmer werden dadurch berühmt, dass sie es in die Sendung geschafft haben; und je länger sie in der Show bleiben, desto berühmter werden sie. Es scheint, als habe sich Andy Warhols Prophezeiung, irgendwann werde jeder für fünfzehn Minuten berühmt sein, endgültig bewahrheitet.

Die Lüge hinter all diesen Formaten und Werbeslogans wie »Just do it!« (Nike) oder »Impossible is nothing« (Adidas) besteht darin, dass vieles eben doch unmöglich ist.[48] Schon rein logisch kann nicht jeder Mensch zu Höchstleistungen fähig sein. Je mehr Menschen ein höheres Level erreichen, desto durchschnittlicher wird per definitionem ihre Leistung. Die überwältigende Mehrheit von uns wird sich insofern damit abfinden müssen, dass wir nie etwas wirklich Großes vollbringen werden, sei es nun im Geschäftsleben, im Sport oder in der Kunst. Diese Einsicht mag schmerzhaft sein, aber es handelt sich nun mal um eine Tatsache, und es kann katastrophale Folgen haben, wenn man sich gegen sie sperrt.

Interessanterweise hat sich das eben beschriebene Leistungsethos in den letzten Jahrzehnten mit der oben behandelten romantischen Sehnsucht nach Transzendenz, Bewusstseinserweiterung und Romantik verschränkt. So ist ein weiteres vollkommen unrealistisches Ideal entstanden, laut dem es möglich ist, permanente Hochleistung harmonisch mit spielerisch-authentischer Kreativität zu verbinden. Kurz: In den sechziger und siebziger Jahren hatten wir die Hippies, die sich nach Kreativität, Freiheit und Erfahrung sehnten. Diese wurden in den achtziger Jahren von den eher karrieristischen Yuppies abgelöst. Und an deren Stelle traten dann schließlich die Bobos, die bourgeoisen Bohemiens,[49] die den Wunsch nach bürgerlicher Sicherheit mit dem Ideal der kreativen Selbstschöpfung verknüpfen und sich nun in beiden Bereichen unter Druck setzen. Man hat zwar beruflichen Ehrgeiz, spricht aber nicht länger von all der harten Arbeit, sondern von spannenden Prozessen, in denen man sich selbst verwirklichen kann. Parallel treibt man Extremsport, kocht, genießt, ernährt sich gesund usw. Tatsächlich, auch das weiß ich aus meiner langjährigen Erfahrung als Therapeut, ist das Bobo-Ideal zu einer weiteren Angstquelle geworden.[50] Voller Selbstzweifel und Ressentiments fragen sich nun viele Menschen, warum es all den anderen Bobos scheinbar mit spielerischer Leichtigkeit gelingt, Erfolg im Beruf und einen coolen Lebensstil zu vereinen.[51]

Damit sind wir schließlich bei einer zeitgenössischen Ausprägung eines Problems angelangt, das uns schon mehrfach begegnet ist. Der Vorstellung nämlich, es gäbe so etwas wie dauerhaftes, umfassendes Glück und wir alle hätten darauf einen Anspruch. Genau das haben die großen Modernisten jedoch verneint. Und wie wir im folgenden Abschnitt sehen werden, geben ihnen die Ergebnisse der kognitiven Neurowissenschaften in dieser Annahme recht.

Innere Freiheit: Sigmund Freud und die kognitive Neurowissenschaft

Kaum ein anderer hat das moderne Verständnis des Menschen so präzise analysiert und dargestellt wie Sigmund Freud, der wohl einflussreichste Theoretiker des Modernismus. Freud war es, der die intuitiven Einsichten der großen Künstler seiner Zeit in der Sprache der Wissenschaft formulierte und sie in das theoretische Gebäude der Psychoanalyse integrierte. Die Denker der Aufklärung hatten bis zur Mitte des 19. Jahrhunderts gehofft, die Menschen seien letztlich rationale Wesen und der Fortschritt würde nicht nur zur Beherrschung der Natur, sondern auch zu einer unaufhaltsamen Weiterentwicklung der Menschheit führen. Philosophen wie Descartes, Leibniz, Locke, Hume oder John Stuart Mill vertraten insofern eine relativ optimistische Auffassung. Freuds historische Leistung besteht darin, unser Menschenbild in zwei wesentlichen Hinsichten erweitert zu haben: Zum einen brachte er Licht ins Dunkel jenes irrationalen Bereichs, der den Aufklärern immer wieder Rätsel aufgegeben hatte. Im Gegensatz zu vielen Romantikern, die im Irrationalen eine mythische Kraft gesehen hatten, idealisierte Freud das Irrationale nicht, sondern untersuchte es mit den Mitteln der neuen Evolutionsbiologie. Freud hoffte, er werde irgendwann in der Lage sein, die Neurosen und Psychosen, mit denen er in seiner klinischen Forschung und als Psychoanalytiker konfrontiert war, auf eine biologische Basis zurückzuführen. Seine spezifischen Hypothesen dazu mögen heute überholt sein,[52] seine Hoffnung hat sich jedoch mittlerweile erfüllt. Wie Eric Kandel in verschiedenen Studien gezeigt hat,[53] gehört Freud damit zu den Begründern der kognitiven Neurowissenschaften.

Freuds zentrale These, die er in zahlreichen Essays und

Büchern entwickelte, lautete, dass der Mensch ein unmögliches Wesen ist. Die unterschiedlichen evolutionären Schichten der menschlichen Psyche lägen ständig miteinander im Konflikt. Zwar könnten einige Teile der Psyche die äußere Umwelt mehr oder weniger realistisch wahrnehmen, andere, nicht weniger mächtige weigerten sich jedoch, alte Wünsche und Begierden als unrealistisch aufzugeben. Dazu gehörten für Freud beispielsweise die Wünsche, von allmächtigen Autoritätsfiguren – als die zum Beispiel die Eltern in der frühen Kindheit erlebt werden – beschützt zu werden, mit geliebten Objekten zu verschmelzen oder nie in Situationen zu geraten, in denen wir unseren Konkurrenten unterlegen sind. Wenn wir bewusst darüber nachdenken, wissen wir in der Regel, dass solche Sehnsüchte irrational sind, unbewusst bleiben sie jedoch präsent. Somit ist der Mensch von Natur aus dazu verdammt, mit Konflikten zu leben, die immer nur vorübergehend und teilweise gelöst werden können.

Diese Einsicht ist die eine von Freuds historischen Leistungen. Dazu kommt ein weiterer Punkt, der im Kontext dieses Essays besonders relevant ist. Ich habe bereits darauf hingewiesen, dass sich alle großen Religionen und philosophischen Schulen immer wieder mit der Frage auseinandergesetzt haben, warum der Mensch dazu neigt, unglücklich zu sein, weshalb er seine Existenz so häufig als unvollständig erlebt und wieso er nicht fähig ist, sein Leben rational zu gestalten. Historisch wurden die unterschiedlichsten Erklärungsversuche vorgebracht, einige davon haben die westliche Kultur nachhaltig geprägt. Man denke nur an den Mythos vom Sündenfall, der von Augustinus zu einer Theorie der Ursünde ausgebaut wurde und enormen Einfluss auf die Geschichte des Christentums hatte. Der Kampf zwischen Geist und Fleisch sollte zu einem der Grundmotive einer Tradition werden, in der das

Leiden des Menschen an der Existenz in erster Linie in moralistischen Begriffen erklärt wurde. Ein Teil der jahrtausendealten Faszination der großen Religionen bestand seit je darin, dass sie einerseits eine prägnante Interpretation für das Gefühl der Unvollständigkeit anboten und andererseits eine Erlösung von diesem Unglück versprachen, zumindest im Jenseits. Mit der Aufklärung wurde diese Hoffnung dann zwar ins Diesseits verlagert, aber das Versprechen, es könne so etwas geben wie ein Paradies auf Erden, konnte genauso wenig eingelöst werden. Im Gegenteil: Es prägte die großangelegten politischen Experimente des Kommunismus und des Faschismus und schuf so unendliches Leid. Schließlich wurde es in einem weiteren Schritt sozusagen individualisiert und an die einzelnen Menschen delegiert. Doch auch das spätkapitalistische Narrativ, man könne das Glück kaufen oder durch intensives Training oder harte Arbeit erreichen, hat sich mittlerweile als Chimäre entpuppt.

Henri Ellenberger, der große Historiker der modernen Tiefenpsychologie, ist der Ansicht,[54] einer der wichtigsten historischen Beiträge Freuds liege darin, die hellenistisch-römische Idee der bewussten Formung des Selbst durch lebenslange psychische Disziplin in modernen Begriffen wiederbelebt zu haben. Dabei knüpfte Freud an zwei einflussreiche philosophische Schulen an: die Stoiker und die Epikureer. Deren Grundintuition bestand darin, dass der Mensch im Endeffekt relativ machtlos ist. Der Einzelne kann seine Umgebung nicht kontrollieren und ist immer wieder Kräften ausgesetzt, die stärker sind als er. Menschliches Leid, so die Epikureer, entstehe in erster Linie dadurch, dass die Menschen stets mehr begehren, als sie bekommen können. Wir alle wollen Macht, Ruhm und Anerkennung, doch nur wenige können sie erhalten – und auch das nur vorübergehend. Sind unsere Begierden ausnahmsweise einmal befriedigt, befällt uns sofort die Angst, wir könnten das Erreichte wieder verlieren; bleiben sie unbefriedigt, leiden wir unter Frustration. Der einzige Weg, das menschliche Leid zu reduzieren, bestand für Epikureer und Stoiker demnach darin, die Größe in dieser Gleichung zu verändern, über die wir eine gewisse Kontrolle haben: unsere eigenen Wünsche und Sehnsüchte. Solange wir mehr begehren, als wir realistischerweise erlangen können, sind wir zu permanentem seelischen Schmerz verdammt. Diesen können wir nur mildern, indem wir uns fragen, welche unserer Begierden erstens wirklichkeitsnah und zweitens notwendig sind. Sind wir einmal durch kühle Reflexion zu einer differenzierten Einschätzung gelangt, müssen wir uns durch ständiges Training beibringen, auf die unrealistischen und meist auch nicht notwendigen Wünsche zu verzichten. Askese war für die Stoiker und die Epikureer kein Bekenntnis der Sündhaftigkeit und der Reue, sondern Ergebnis der Einsicht in die Grundstruktur der inneren und äußeren Realität.

Im Anschluss an diese Tradition hat Freud betont, die Psychoanalyse sei letztendlich eine asketische Übung. Die Therapie ziele auf das Erreichen einer inneren Freiheit, die es den Patienten ermögliche, ihre unbewussten Neigungen zu erkennen und so zu beherrschen.[55] Anders als spätmoderne Autoren wie Janov oder Alice Miller vertrat Freud nie die Position, das Glück stehe uns zu, sondern er insistierte darauf, Neurosen seien nicht darauf zurückzuführen, dass unsere Eltern und die Gesellschaft uns etwas vorenthalten haben, sondern darauf, dass das Leben nun einmal von unlösbaren Konflikten geprägt sei, mit denen man zurechtkommen müsse. »Das Unbehagen in der Kultur«, so der Titel eines seiner Spätwerke, ist eine anthropologische Konstante: Wir müssen ständig gegen die Tendenz ankämpfen, Triebspannungen schnell und leicht zu befriedigen, da wir den Verpflichtungen der Arbeit, der Moral und des Familienlebens sonst nicht gerecht werden könnten. In seiner Forderung nach psychischer Reife war Freud stets konsequent: Er lehnte alle Formen des metaphysischen Trostes ab und interpretierte Religion als ein regressives Festhalten an der infantilen Illusion, wir nähmen im Kosmos eine besondere Stellung ein und würden von allmächtigen Kräften beschützt.

Seelisch gesund zu sein bedeutete für Freud, mit den unausweichlichen Frustrationen und Begrenzungen des Lebens umgehen zu können. Das Ziel der psychoanalytischen Behandlung, schrieb er schon 1895 in einem berühmten Absatz seiner *Studien zur Hysterie*, sei keinesfalls das Glück:

> »Ich habe wiederholt von meinen Kranken [...] den Einwand hören müssen: »Sie sagen ja selbst, daß mein Leiden wahrscheinlich mit meinen Verhältnissen und Schicksalen zusammenhängt: daran können Sie ja nichts ändern; auf welche Weise wollen Sie mir denn helfen?« Darauf habe ich antworten können: »Ich zweifle ja nicht, daß es dem Schicksale leichter fallen müßte als mir, Ihr Leiden zu beheben: aber Sie werden sich überzeugen, daß viel gewonnen ist, wenn es uns gelingt, Ihr hysterisches Elend in gemeines Unglück zu verwanden. Gegen das letztere werden Sie sich mit einem wiedergenesenen Seelenleben besser zur Wehr setzen können.«[56]

Wie weit wir hier doch von der Berechtigungsmentalität der spätmodernen Gurus sowie von der Illusion entfernt sind, wir könnten uns all unsere Sehnsüchte erfüllen, wenn wir nur hart genug an uns selbst arbeiteten! Insofern ist es wenig überraschend, dass die Verfechter der Glücksberechtigung in Freud einen ihrer größten Gegner sahen. Sie wollten ihn als autoritären Tyrannen diskreditieren, den das Leid seiner Patientinnen nicht wirklich interessiert habe. Sie verkannten damit, worum es Freud im Kern ging: um ein »Mehr von seelischer Freiheit«.

Um diese zu erwerben, ist allerdings Askese notwendig, die Anstrengung, mit der Wahrheit zu leben.

Um Missverständnissen vorzubeugen: Mir geht es hier nicht um eine undifferenzierte Rückkehr zu Freuds Theorie und zu seinen Vorschlägen für die therapeutische Praxis. An anderer Stelle habe ich ausführlich dargelegt, warum eine Wiederbelebung Freuds für die Gegenwart sich genau darin nicht erschöpfen darf.[57] Freuds für unsere Zeit relevantes Erbe besteht vielmehr in der grundlegenden Einsicht, dass die menschliche Psychodynamik nicht für eine Homöostase des Glücks gemacht ist. Diese These ist von den kognitiven Neurowissenschaften inzwischen vertieft, weiterentwickelt und mithilfe der Erkenntnisse der modernen Biologie neu formuliert und empirisch auf beeindruckende Weise belegt worden. So hat beispielsweise der Harvard-Psychologe Daniel Gilbert in einer Serie von Experimenten nachgewiesen, dass wir konsequent falsch einschätzen, was uns Ruhe und Befriedigung verschafft.[58] Dabei hat er insbesondere zwei zeitgenössische Mythen widerlegt: den Glauben, finanzieller Erfolg mache uns glücklicher, und die Überzeugung, es gehe uns umso besser, desto mehr Auswahlmöglichkeiten wir haben.[59] Gilbert kann zeigen, dass unser Glücksgefühl selbst nach großen Erfolgen oder nach Ereignissen, die unser Leben tiefgreifend verändern (zum Beispiel ein hoher Gewinn im Lotto), innerhalb weniger Monate auf das Level des Status quo ante zurückfällt. Außerdem raube uns das ständige Bewusstsein aller möglichen Alternativen die Fähigkeit, das zu genießen, was wir haben.[60] Dementsprechend ist Gilbert der Ansicht, wir Menschen seien nur dann in der Lage, uns vor ständigen Enttäuschungen zu bewahren, wenn wir das Gegenteil von dem tun, was die Konsumkultur predigt: Wir sollten nicht alles wollen, sondern begreifen, dass ein Übermaß an Begierden dazu führen wird, dass wir niemals echte Befriedigung verspüren. Eine fruchtbare Alternative zu all den populärpsychologischen Interpretationen, die uns auf einen Holzweg führen, wenn sie die von Freud wiederbelebte Einsicht der Stoiker und Epikureer außer Acht lassen: Auch ohne Verletzungen oder Misshandlungen in der Kindheit leiden wir unter einem Übermaß an Begehren und Begierden.

Wenn ich hier für die epikureische Askese plädiere, geht es mir also um etwas Grundlegenderes als um platte Konsumkritik. Ich selbst bin zum Beispiel ein großer Fan von Apple-Produkten. Ich liebe ihre einfache, klare Ästhetik und freue mich immer wieder über die eleganten Lösungen, die sie für kleine Alltagsprobleme bieten: Ich kann mir im Auto eine Erinnerungsnotiz machen, ohne das Lenkrad loszulassen, oder meiner Frau Fotos aus dem Supermarkt schicken, damit sie mir sagen kann, welche Steaks ich fürs Abendessen mitbringen soll. Und natürlich hat mich mein Smartphone schon das ein oder andere Mal gerettet, wenn plötzlich die Powerpoint-Präsentation für einen Vortrag verschwunden war. Selbstverständlich weiß ich selber, dass Google- oder Microsoft-Produkte viele dieser Funktionen genauso gut erfüllen. Ich mache mir eher einen Spaß daraus, dass ich die Apple-Geräte wegen ihrer Ästhetik vorziehe – im vollen Bewusstsein, dass ich dabei der Branding-Strategie des Konzerns willentlich zum Opfer falle. Wie Hunderte Millionen andere Kunden habe ich 2013/14 ungeduldig auf das iPhone 6 gewartet. Ich habe mich von der messianischen Aura, mit der Apple seine Produkte inszeniert, faszinieren lassen. Die neomarxistische Verdammung solch vergleichsweise harmloser Vergnügen überzeugt mich dabei so wenig wie Vorbehalte gegenüber Smalltalk oder versnobtes Naserümpfen angesichts der Begeisterung, die viele Menschen für ihren Lieblingsverein empfinden, oder des Leids, das mich überkommt, wenn Roger Federer, mit dem ich als Basler eine besondere Verbindung zu haben glaube, zum x-ten Mal in einem Grand-Slam-Finale gegen Novak Djokovic verliert.

Die Askese, auf die es mir hier ankommt, läuft nicht auf eine augustinische Verteufelung des von der Ursünde geprägten Fleisches hinaus. Sie soll aber doch eine Antwort auf die Klagen von Autoren wie Michel Houellebecq oder John Gray über die vermeintliche Seichtheit der westlichen Populärkultur geben. Dass wir eine solche Antwort brauchen, unterstreicht nicht zuletzt der Umstand, dass im Westen inzwischen etwa zwanzig Prozent der Menschen an pathologischer Fettleibigkeit leiden. Diese Tendenz zum Überessen scheint mir nur einer der zahlreichen Ausdrücke der chronischen Leere zu sein, die viele Menschen ständig fühlen. Ich denke, wir haben es hier mit dem Symptom einer Krankheit zu tun, die für unsere Überflussgesellschaft charakteristisch ist: Die grundlegenden Bedürfnisse der Menschen sind befriedigt, im Westen muss niemand hungern. Und dennoch ist da dieses Gefühl der Leere, der Unvollständigkeit. Sich diesem Gefühl zu stellen und einzusehen, dass die Erwartung, Glück stehe jedem dauerhaft zu, einfach nicht realistisch ist – darin besteht die große Herausforderung unserer Zeit. Wenn wir ihr nicht gerecht werden, wird der spätmoderne Westen nicht in der Lage sein, die Tendenz zur Infantilisierung und zur politischen Apathie aufzuhalten. Und seine Bürger werden auch weiterhin nicht viel mit jener Freiheit anfangen können, die wir uns über viele Jahrhunderte hinweg hart erkämpft haben.

Der Existenzialismus und die Flucht vor der Freiheit

Der Gedanke, die menschliche Existenz sei wesentlich von tiefen Konflikten geprägt, die wir nicht lösen können und mit denen wir daher leben müssen, wurde von den Existenzialisten aufgenommen und weiterentwickelt. Die Ursprünge dieser Strömung liegen im 19. Jahrhundert bei Philosophen wie Kierkegaard oder Nietzsche und Schriftstellern wie Dostojewski, systematisch ausgearbeitet wurde sie jedoch ab der ersten Hälfte des 20. Jahrhunderts. Die einflussreichsten Vertreter des Existenzialismus waren Martin Heidegger und Jean-Paul Sartre. Heidegger machte sich schon in den zwanziger Jahren einen Namen und gilt bis heute als einer der wichtigsten Denker des 20. Jahrhunderts. Jean-Paul Sartre hingegen war nicht nur Philosoph, sondern ein veritables Kulturphänomen. Nicht umsonst lautet der Untertitel von Bernard-Henri Lévys Sartre-Biografie *Der Philosoph des 20. Jahrhunderts.*[61] Bei Sartres Beerdigung im April 1980 folgten mehr als 50000 Menschen seinem Sarg, um von einem Intellektuellen Abschied zu nehmen, dessen Einfluss auf die französische Kultur überragend gewesen war.

Im Zentrum der verschiedenen Spielarten des existenzialistischen Denkens steht die Auffassung, die Conditio humana sei von einer fundamentalen Tragik geprägt, die sich nicht auflösen, sondern höchstens leugnen lässt.[62] Diese Tragik besteht laut Heidegger und Sartre darin, dass wir durch unser Selbstbewusstsein dazu fähig, ja dazu gezwungen sind, uns mit unserer Endlichkeit auseinanderzusetzen. Einerseits können wir viele wichtige Variablen in unserem Leben nicht selbst bestimmen. Wir sind das Resultat eines Geschlechtsakts zweier Menschen, die wir nicht als unsere Eltern ausgesucht haben.

Diese Eltern erziehen uns in einer Sprache und Kultur, die wir genauso wenig beeinflussen können wie unser biologisches Geschlecht, unsere Haut- oder Haarfarbe. Wir sind, mit Heidegger gesprochen, in unsere Existenz geworfen. Mehr noch: Jeder von uns hat zu jedem Zeitpunkt eine Geschichte, Entscheidungen, die wir einmal getroffen haben, können wir nicht mehr ändern – sie werden zu einer Vergangenheit, mit der wir in der Zukunft leben müssen. Diese totale Verantwortung für unsere Existenz, die Heidegger in einer prägnanten Formulierung das »Herausstehen in das Nichts« genannt hat, ist schwer auszuhalten. Wären wir uns dieser totalen Verantwortung in jedem Moment bewusst, müssten wir mit einer Existenzangst leben, die uns vollkommen lähmen und in den Wahnsinn treiben würde.[63]

Deswegen, so Sartre, sei es unvermeidlich, dass wir meist in einem Zustand leben, den er *mauvaise foi* (»Unaufrichtigkeit«) genannt hat.[64] Dabei handelt es sich um das falsche Bewusstsein, wir hätten eigentlich keine Wahl, da »man« gewisse Dinge nicht tut, während »man« andere sehr wohl tun muss. Wir identifizieren uns mit unserer sozialen Rolle, damit wir uns der erdrückenden Last der Freiheit nicht stellen müssen. Die Selbstverständlichkeit des Alltäglichen schützt uns so vor einem Leben in permanenter existenzieller Angst.[65] In meinen Vorlesungen über den Existenzialismus veranschauliche ich dies anhand eines simplen Beispiels. Ich frage meine Studenten, warum sie in dem ziemlich hässlichen Hörsaal sitzen, statt draußen mit einem Croissant und einem Kaffee das Leben zu genießen. Ich mache sie darauf aufmerksam, dass jeder von ihnen die Möglichkeit hat, mir seinen oder ihren Laptop über den kahlrasierten Schädel zu ziehen und nach draußen zu stürmen. Mit dieser Frage ernte ich oft großes Gelächter, aber mir geht es darum, dass meine Studenten begreifen, dass ihnen diese Idee nicht einmal durch den Kopf gegangen ist, bevor ich sie erwähnt habe.

Wie unerträglich das Leben im Bewusstsein der totalen Freiheit ist, zeigt sich nicht zuletzt daran, dass selbst große Denker wie Heidegger und Sartre damit nicht wirklich zurechtkamen und – jeder auf seine Weise – politisch und moralisch versagten. Mittlerweile wissen wir, dass Heidegger zumindest eine Zeitlang überzeugter Nazi war.[66] In seiner Antrittsrede als Rektor der Freiburger Universität bekannte er sich ausdrücklich zum Nationalsozialismus, in dem er das Schicksalsereignis des deutschen Volkes sah. Heidegger unternahm nichts, um seine jüdischen Kollegen, darunter sein Lehrer und Mentor Edmund Husserl, zu unterstützen, als diese ihre Professuren verloren. Sein Freund und Denkgefährte Karl Jaspers hingegen versuchte in Heidelberg, Anstand und Menschlichkeit zu wahren, bis er selbst wegen seiner jüdischen Frau entlassen wurde. Heidegger hat es nie für nötig gehalten, sein Verhalten während des Nationalsozialismus öffentlich zu bereuen. Er zog es vor, sich in Schweigen zu hüllen, weshalb beispielsweise Jaspers mit ihm brach. Lange hat man Heideggers menschliches Versagen auf Opportunismus und mangelnden Mut zurückgeführt, aber seit der Veröffentlichung seiner *Schwarzen Hefte*[67] ist es nicht länger möglich, seine Sympathie für die Nazis einfach als einen Ausrutscher oder ein vorübergehendes Fehlurteil abzutun. Heidegger war ganz einfach Antisemit. Er suchte nach einer existenziellen Grundlage für sein Leben und glaubte, diese in einem idealisierten Deutschtum gefunden zu haben.

Jean-Paul Sartre wiederum entfloh der Freiheit auf einem anderen ideologischen Weg. Sartre, der in eine bürgerliche französische Familie geboren wurde, schon früh seinen Vater verlor und bei seiner Mutter und ihren Eltern aufwuchs, entwickelte bereits in jungen Jahren eine tiefe Verachtung für die

Bourgeoisie. Für ihn war sie der Inbegriff von *mauvaise foi*, des Sichversteckens hinter sozialen Normen und des Verleugnens der Freiheit. Sobald er es sich finanziell leisten konnte, nur noch vom Schreiben zu leben, nahm er keine öffentliche Position mehr an, um von der bourgeoisen Ordnung so unabhängig zu sein wie möglich. Er lebte lange bei seiner Mutter und später, obwohl er aufgrund seines literarischen Erfolges wohlhabend war, in einer bescheidenen Mietwohnung in Paris, wo er jahrzehntelang die berühmte offene Beziehung mit Simone de Beauvoir führte.

Sartres Verachtung für die Bourgeoisie drückte sich vor allem in seiner immer bedingungsloseren und dogmatischeren Identifikation mit dem Kommunismus aus. Angesichts der zahlreicher werdenden Indizien dafür, dass die Sowjetunion nicht das Paradies auf Erden, sondern eine totalitäre Hölle war, distanzierten sich einige seiner engsten Freunde und Weggefährten wie Albert Camus, Maurice Merleau-Ponty und Raymond Aron von Sartres politischem Fanatismus – mit dem Resultat, dass diese Freundschaften in die Brüche gingen: Kritik an seinen politischen Überzeugungen ertrug Sartre einfach nicht. Als es nicht länger möglich war, die Fakten über Stalins Sowjetunion zu ignorieren, entwickelte er Sympathien für den Maoismus. Bis zu seinem Tod konnte er nicht akzeptieren, dass der Kommunismus nicht die endgültige politische Lösung aller menschlichen Probleme war.

Angesichts der Lebenswege von Heidegger und Sartre ist die Frage angebracht, wie zwei der größten Interpreten der menschlichen Freiheit in ihrem politischen Urteil und Verhalten so sehr irren konnten. Paradoxerweise exemplifiziert dieses Versagen ihre philosophischen Ansätze: Dass sie zu einer derart tiefgreifenden Analyse der menschlichen Existenz fähig waren, schützte sie nicht davor, den psychischen Abwehrmechanismen zum Opfer zu fallen, die sie selbst beschrieben hatten. Wie die »Durchschnittsbürger« brauchten auch sie den Schutz einer Weltanschauung, die ihrem Leben einen Sinn verlieh.

Genau das ist der zentrale Gedanke des im deutschsprachigen Raum relativ unbekannten in den USA geborenen Anthropologen Ernest Becker, dessen Werk zur Grundlage der modernen experimentellen Existentialpsychologie geworden ist.[68] Becker griff für seine Thesen auf die Arbeiten des Freud-Schülers Otto Rank zurück, der davon ausging, die menschliche Psyche sei schlicht nicht fähig, unsere Sterblichkeit zu akzeptieren, und setze daher Abwehrmechanismen ein, um das Bewusstsein der eigenen Vergänglichkeit zu verdrängen.[69] Becker zeigte, dass eine der wesentlichen Funktionen jeder Kultur darin besteht, den Menschen die Illusion der symbolischen Unsterblichkeit zu vermitteln: Jeder von uns gehört einer Kulturtradition an, die lange vor uns bestanden hat und von der wir annehmen, dass sie auch noch lange nach uns bestehen wird. Diese Zugehörigkeit zu einer Tradition sorgt dafür, dass wir mit unserem physischen Tod nicht spurlos vom Erdboden verschwinden, sondern in gewisser Weise weiterleben. Indem wir zum Beispiel unsere Kinder prägen, geben wir etwas von uns selbst an die nächste Generation weiter und sichern uns so einen Platz in ihrer Erinnerung. Der Versuch, der symbolischen Unsterblichkeit in Ritualen und Objekten eine konkrete Gestalt zu verleihen, ist gut dokumentiert und so etwas wie eine anthropologische Konstante. In allen Kulturen lassen sich Praktiken und Gegenstände nachweisen, mit denen die Toten im Gedächtnis der Familie, des Stammes, der religiösen Gemeinschaft oder der Nation lebendig gehalten werden sollten. Grabsteine, Fotos der Verstorbenen und Denkmäler sind nur die modernsten Varianten.[70] Schon die Helden aus Homers

Ilias sind bereit zu sterben, damit auch zukünftige Generationen sie besingen – Homer selbst erreichte dieses Ziel, indem er ein Epos schuf, das bis heute gelesen wird. Doch all das schützt uns letztlich nicht vor tiefen existenziellen Ängsten: Wir wollen weder alt werden noch sterben, und selbst diejenigen, die sich riesige Mausoleen errichten lassen, werden von Panik erfasst, wenn sie dem Tod ins Auge blicken müssen.

Ende der achtziger Jahre entwickelte eine Gruppe von Sozial- und Persönlichkeitspsychologen auf der Grundlage von Beckers Ideen ein neues Forschungsparadigma, das als Terror-Management-Theorie (»Terror« hier nicht im Sinne von Terrorismus, sondern von existenzieller Angst) bekannt wurde.[71] Dieses Paradigma, das ich einfach Existenzialpsychologie nenne, ist mittlerweile international weit verbreitet und hat sich bei der Erforschung ganz unterschiedlicher Phänomene als äußerst fruchtbar erwiesen. Besonders gut geeignet ist es, wo es darum geht, die enorme Anziehungskraft zu erklären, die religiöse Fundamentalismen mit absolutem Machtanspruch und apokalyptischen Weltanschauungen ausüben.[72] Seit mehr als einem Jahrzehnt bin ich Mitglied der Studiengruppe World Federation of Scientists, die es sich zum Ziel gesetzt hat, die Motivationen fundamentalistischer Terroristen zu entziffern. Was bringt Menschen dazu, sich Organisationen wie dem Islamischen Staat (IS) anzuschließen? Viele Erklärungsansätze, die hier für gewöhnlich ins Feld geführt werden, erweisen sich bei genauerem Hinsehen als wenig hilfreich. Ein prominentes Beispiel ist die Behauptung, es handle sich in der Regel um benachteiligte Menschen ohne Perspektive. Auf die Attentäter vom 11. September 2001 beispielsweise trifft dies jedoch überhaupt nicht zu. Viele von ihnen waren Studenten, sie stammten aus Mittelschichtfamilien, die ihnen einen Aufenthalt im Westen finanzieren konnten. Die Führungskader dschihadistischer Organisationen sind oft Ärzte und Ingenieure, denen der Weg auf der Karriereleiter offenstünde, wenn sie dies wollten. Was viele Menschen zu Terroristen macht, ist weder Armut noch Verzweiflung, sondern ein tiefes Bedürfnis nach einem absoluten Lebenssinn. Das mag paradox klingen, schließlich betrachten wir die Suche nach Sinn in der Regel als etwas Positives. Wie kann es da sein, dass diese Suche zu so etwas führt wie dem Terror des IS?[73]

In modernen Gesellschaften hat jeder von uns eine ganze Reihe von Identitäten: Ich bin schweizerischer und jüdischer Herkunft, Professor, Psychoanalytiker, Motorradliebhaber, linksliberal, verheiratet, liebe Steaks, klassische Musik, Paris und vieles mehr. Keine dieser Identitäten definiert mich ausschließlich. Die freiheitliche Ordnung ist ja gerade dadurch definiert, dass jeder von uns das Recht – und ich würde auch sagen: die Pflicht – hat, in jeder Situation zu entscheiden, was für ihn oder sie am wichtigsten ist und welche Werte für ihn oder sie im Zentrum stehen sollen. Dies ist das Ideal des autonomen Menschen, das die westliche Kultur in den letzten Jahrhunderten entwickelt hat. Ebendiese Freiheit – und die Überforderung, die damit einhergehen kann – ist Organisationen wie dem IS[74] und fundamentalistischen Gruppen aus allen Religionen ein Dorn im Auge. Wie der Wirtschaftsnobelpreisträger Amartya Sen gezeigt hat,[75] streben solche Bewegungen danach, die eine Identität zu schaffen, die alle Konflikte löst und in jeder Situation klar vorgibt, was zu tun ist – eine Einsicht, die Erich Fromm in Bezug auf den Faschismus bereits in seinem 1942 erschienenen Buch *Die Furcht vor der Freiheit* formuliert hatte. Im Kontext des Islamismus kommt heute sicherlich noch hinzu, dass es vielen jungen Menschen attraktiv erscheint, hemmungslos töten und totale Macht über andere ausüben zu können. Wir müssen uns jedoch darüber im Klaren sein, dass die tiefste Motivation für unmenschliche Handlungen die Furcht vor der Freiheit ist.

Ein Ausdruck dieser Furcht vor der Freiheit und vor alternativen Sinnangeboten, welche den eigenen Glauben infrage stellen, ist die sonst kaum zu erklärende Zerstörungswut des IS: Nicht nur die dreitausend Jahre alten archäologischen Stätten im nordirakischen Nimrud, der Hauptstadt des assyrischen Reiches, sind ihr zum Opfer gefallen, sondern auch die kostbaren Ruinen in Hatra und Palmyra. Zuvor hatten bereits die afghanischen Taliban Buddha-Statuen von unermesslichem kulturellem Wert gesprengt, weil ihre fundamentalistische Interpretation des Islams besagt, Spuren anderer Religionen müssten vernichtet werden. Wer hier nach einem tieferen Sinn sucht, ist auf der falschen Fährte. Menschen, die solche Kulturschätze zerstören, leiden in erster Linie an einer katastrophalen intellektuellen Beschränktheit, die durch ihr tiefes Bedürfnis motiviert ist, ihr Sinnsystem als konkurrenzlos und absolut wahr zu betrachten. Sie haben überhaupt kein Bewusstsein dafür, dass große Werke der Vergangenheit unersetzliche Sedimente der Geschichte sind, einer Geschichte, die per definitionem nicht wiederholbar ist.

In den letzten fünfzehn Jahren ist es populär geworden, diese Beschränktheit mit dem Islam insgesamt gleichzusetzen, aber das ist gefährlich. Wir dürfen nicht vergessen, dass der Islam kein Monopol auf den Ikonoklasmus, die Zerstörungswut gegenüber Bildern, besitzt. Mangels genauer historischer Informationen werden wir nie wissen, wie viele unersetzbare katholische Kunstwerke dem protestantischen Bildersturm im 16. Jahrhundert zum Opfer gefallen sind. Der Gedanke an das Zerstörte stimmt mich traurig, und das hat nichts mit Religion zu tun: Ich bin trotz meiner jüdisch-orthodoxen Erziehung überzeugter Atheist, schätze aber die katholische Kunst sehr.

Von den Gemälden Giotto di Bondones und den Messen Josquin Desprez' bis hin zum *Te Deum* von Anton Bruckner fühle ich mich von den Werken katholischer Künstler angezogen. Es ist nicht nötig, die Weltanschauung, die in ihnen zum Ausdruck kommt, zu teilen, um sie zu bewundern. Aber genau diese Fähigkeit fehlt den Mitgliedern des IS. Sie fühlen sich von großen kulturellen Werken, die ihrem Glauben nicht entsprechen, so sehr bedroht, dass sie diese zerstören müssen.

Aus psychologischer Sicht handelt es sich, mit einem Begriff Nietzsches, vor allem um einen Ausdruck des Ressentiments: Weil man ein gutes Leben nicht ohne Ausdauer, Mut und große Anstrengungen erreichen kann – und selbst wenn man all das aufbringt, ist der Erfolg nicht garantiert –, flüchten viele in eine mit fanatischer Ideologie verbrämte Destruktivität. Doch diese ist nicht mehr als das schlecht versteckte Ressentiment derjenigen, die das Risiko eines freien Lebens nicht auf sich nehmen können oder wollen. Das Bedürfnis nach einer solchen Flucht vor der Freiheit ist offenkundig stark, der Soziologe Hans-Peter Müller hat den IS zu Recht als das »größte muslimische Sinnaufladungsprogramm der jüngeren Geschichte« bezeichnet.[76] Die Neuerrichtung des Kalifats, so unrealistisch dieses Projekt sein mag, ist der Versuch, die Schwierigkeiten, welche die islamischen Staaten im Nahen Osten mit der Modernität haben, zumindest in der Fantasie in einen Triumph zu verwandeln.

Die oben angesprochenen Fälle Heideggers und Sartres erinnern uns allerdings daran, dass die Religionen keinesfalls ein Monopol auf absolute Geltungsansprüche und die damit häufig verbundene Gewalt haben: Die größten Tragödien des 20. Jahrhunderts wurden durch zwei säkulare Ideologien geschaffen, den Nationalsozialismus und den Kommunismus. Hitler, Stalin, Mao und Pol Pot waren davon überzeugt, dass ihre politischen Heilslehren die Ermordung von Millionen Menschen rechtfertigten, weshalb Eric Voegelin[77] diese totalitären Systeme denn auch »politische Religionen« genannt hat. Die bedrohliche Renaissance des Rechtspopulismus, die wir seit einigen Jahren überall im Westen beobachten können, führt uns nachdrücklich vor Augen, dass solche politischen Religionen nicht minder gefährlich sind als die fundamentalistische Explosion der letzten Jahrzehnte.

Unter diesen Umständen darf sich das kritische Denken keinesfalls durch die politisch korrekte Forderung, man müsse den Glauben der anderen unter allen Umständen respektieren, einschüchtern lassen. Was wir respektieren müssen – diese Position habe ich in *Zivilisierte Verachtung* ausführlich dargelegt[78] –, ist das Recht der Menschen zu glauben, was sie wollen. Nicht respektieren müssen wir hingegen den Glauben selbst – vor allem dann nicht, wenn seine Konsequenzen Intoleranz, Fremdenhass, Fanatismus und Unmenschlichkeit sind. Die Frage ist, ob wir angesichts der Radikalisierung vieler Muslime und des Aufstiegs der radikalen Rechten in Europa die Vernunft und die Ruhe bewahren und gleichzeitig den Kampfgeist wecken können, der notwendig ist, um die freiheitliche Ordnung gegen diese neuen Bedrohungen aktiv zu verteidigen.

Nicht nur Shakespeare: Größe, Tragik und Scheitern im Film

Wie oben gezeigt, verfügen wir sehr wohl über Mittel und Wege, um unsere Stellung in der Welt zu verstehen sowie die politischen, religiösen und therapeutischen Heilslehren als das zu erkennen, was sie letztendlich sind: ideologische Schutzschilde gegen die Angst vor der Freiheit. Der Fanatismus einiger weniger sollte uns nicht zu der Überzeugung verleiten, wir seien grundsätzlich nicht in der Lage, mit dieser Furcht umzugehen. In diesem Abschnitt möchte ich zeigen, dass auch im Bereich der Populärkultur bedeutende Werke entstanden sind, die sich mit der konflikthaften Tragik des Menschseins auseinandersetzen.

Besonders gut illustrieren lässt sich das an einigen herausragenden Beispielen aus der jüngeren Filmgeschichte. Zu den Regisseuren, welche die Tragik der menschlichen Existenz besonders ergreifend auf die Leinwand gebracht haben, zählen unter anderem Martin Scorsese und Paul Thomas Anderson. Scorsese hat sich schon früh einen Ort im Pantheon des Films gesichert, insbesondere mit *Wie ein wilder Stier* aus dem Jahr 1980. Der auf wahren Begebenheiten beruhende Schwarzweißfilm erzählt das Leben von Jake LaMotta, einem impulsiven, komplexen und unsicheren Menschen, der sich zum Weltmeistertitel im Mittelgewicht hochkämpft. Der Hauptdarsteller Robert de Niro schlug Scorsese den Stoff vor. Dieser, selbst kein Sportfan, zeigte zunächst kein Interesse, erkannte dann jedoch, dass der Boxring eine Allegorie für die menschliche Existenz darstellt.[79] Boxen ist ohnehin eine tragische Sportart: Nur die wenigsten Profis machen wirklich Karriere, und wer es schafft, der weiß, dass er nicht viel Zeit hat. Ein menschlicher Körper kann nicht ewig athletische Höchstleistungen erbringen – zumal in einem so brutalen Sport. Diese Tragik wird noch durch die Tatsache verstärkt, dass die meisten Boxer keine Ahnung von der geschäftlichen Seite ihres Sports haben. Oft übernehmen Gestalten mit einem zweifelhaften Ruf das Management oder die Organisation der Kämpfe. Was Boxen so grausam, aber auch so faszinierend macht, ist, dass neben den athletischen Fähigkeiten und der Technik der schiere Wille zum Sieg und die Fähigkeit, enorme Schmerzen zu ertragen, ausschlaggebende Faktoren für den Erfolg sind. In einer der größten schauspielerischen Leistungen der Filmgeschichte bringt de Niro LaMottas Verletzlichkeit und seine Schwierigkeiten zum Ausdruck, in die Liebe seiner Frau zu vertrauen. LaMottas Eifersuchtsanfälle führen schließlich zum Bruch mit seinem Bruder und Manager Joey. Das ist der Beginn seines sportlichen Abstiegs: In einem brutalen Kampf verliert er 1951 seinen Titel an Sugar Ray Leonard. Nachdem er mit seiner Familie nach Miami gezogen ist, verlässt ihn seine Frau. Gerahmt wird die Handlung von einer Szene, die im Jahr 1964 angesiedelt ist: LaMotta steht in seinem Nachtclub auf der Bühne und spult routiniert einen Auftritt ab. Er wiegt fast dreißig Kilo mehr als mit Mitte dreißig und lebt eigentlich nur noch von den Erinnerungen an seine guten Jahre.

In *Wie ein wilder Stier* werden die großen Themen der menschlichen Existenz auf packende Weise inszeniert: das Bedürfnis nach Anerkennung und die Risiken, die wir auf uns nehmen, wenn wir konsequent nach dieser Anerkennung streben. Zwar müssen die meisten Menschen im wörtlichen und übertragenen Sinn weniger einstecken als ein Profiboxer, aber wir alle stehen irgendwann vor der Frage, wie viel wir für unsere Ambitionen aufs Spiel setzen wollen. Wer das Wagnis scheut, bereut vielleicht später, es nicht zumindest versucht zu haben; wer sein Glück versucht, kommt meist nicht so weit, wie er gehofft hat – und selbst wer es wie LaMotta an die Spitze schafft, kann diesen Erfolg in der Regel nicht dauerhaft genießen (was freilich viele Boxer, die ihre Karriere zu spät beendet haben, nicht einsehen wollten). Das Leben LaMottas dient Scorsese als Metapher für die Veränderungen, die jeder Mensch notwendigerweise erlebt, wenn er nicht jung stirbt: den langsamen körperlichen Verfall, die graduelle Abnahme der sexuellen Attraktivität, das Nachlassen der geistigen Fähigkeiten sowie die Einsicht, dass berufliche Erfolge, die für unser Selbstwertgefühl so wichtig sind, irgendwann der Vergangenheit angehören.

Ein weiterer großer Tragiker der jüngeren Filmgeschichte ist der US-amerikanische Regisseur Paul Thomas Anderson. In *Boogie Nights* (1997), seinem zweiten Film, erzählt er die Geschichte von Eddie Adams, einem verlorenen jungen Mann, der mit seiner alkoholabhängigen Mutter und seinem grausamen Stiefvater im kalifornischen Torrance lebt, wo er in einem Nachtklub arbeitet. Dort wird der von Mark Wahlberg gespielte Junge von einem Pornoproduzenten entdeckt, der ihn wegen seines großen Penis sofort unter Vertrag nimmt. Eddie legt sich den Künstlernamen »Dirk Diggler« zu und wird im Los Angeles der siebziger Jahre zum Star. Anderson hat seinem Film den Anstrich eines B-Movies verpasst, um damit der Armseligkeit der Pornoindustrie einen sehr direkten Ausdruck zu verleihen. Im Gegensatz zu Jake LaMotta, dessen Kindlichkeit und Impulsivität beinahe mythische Größe haben, sind die Figuren in *Boogie Nights* in einem Spektrum zwischen mitleiderregend und lächerlich angesiedelt. Und doch kann der Zuschauer nicht anders, als mit den Protagonisten mitzufühlen. Da ist der Regieassistent Little Bill Thompson

(William H. Macy), dessen Frau als Pornodarstellerin arbeitet, der es aber nicht ertragen kann, als sie auf einer Party mit einem anderen Mann schläft, und daraufhin erst die beiden und dann sich selbst umbringt; da ist die von Julianne Moore herzzerreißend gespielte Amber, der Ko-Star in vielen von Eddies Filmen, die zwischen Arbeit und Drogensucht irgendwie versucht, die Kurve zu kriegen; und da ist natürlich Eddie selbst, der sich der Illusion hingibt, er sei aus eigener Kraft zu einem Star geworden, nur um schließlich erkennen zu müssen, dass seine Karriere in Wahrheit von seinem Regisseur (gespielt von Burt Reynolds) abhängt. Nach einem Streit zwischen den beiden wird Eddie drogensüchtig und kann sich nur noch über Wasser halten, indem er sich prostituiert. Am Ende versöhnt er sich mit seinem Regisseur, um seine Karriere fortzusetzen – die freilich nur so lange andauern wird, wie er verlässlich für jede Szene eine Erektion produzieren kann.

Andersons *Boogie Nights* hat eine besonders tiefe Beziehung zu den modernistischen Malern und Theoretikern, denen wir oben begegnet sind: Die Nacktheit des Daseins kommt in diesem Film ebenso schonungslos zum Vorschein wie unsere Zerbrechlichkeit. Als Zuschauer muss man Eddies Schmerzen einfach nachempfinden, wenn er von einem Freier aufgefordert wird, zu masturbieren, um sich seinen nächsten Schuss zu verdienen, und dann von ebendiesem Freier und seinen Freunden zusammengeschlagen wird. Nicht nur der Niedergang der Könige und Prinzen in den Stücken Shakespeares ist bewegend, sondern auch der von Eddie Adams, einem einfachen jungen Mann, der nur jemand sein wollte. Eddies Ambitionen mögen uns nicht gerade großartig oder bewundernswert erscheinen, und doch ist er im Wesentlichen wie wir alle: Wir versuchen, aus dem, was uns gegeben wurde, das Beste zu machen – in der Hoffnung auf einen Platz an der Sonne. Unsere Karrieren mögen nicht von unserer sexuellen Potenz abhängen, auf unser Liebesleben hat diese aber sehr wohl großen Einfluss. Wir sind zwar nicht auf einen Pornoproduzenten angewiesen, aber die meisten Menschen haben Arbeitgeber, Geschäftspartner oder Klienten, mit denen sie zurechtkommen müssen. Vielleicht schätzen wir unsere Lage nicht so naiv ein wie Eddie, aber keiner von uns ist gegen Irrtümer gefeit, und die Anzahl derjenigen, die ihren Lebensunterhalt, ihren Status und ihr Selbstwertgefühl aufgrund von Fehlurteilen verloren haben, ist Legion.

Anderson hat auch in seinen späteren Filmen die Tragik und Lächerlichkeit des Daseins ergreifend geschildert. Auf *Boogie Nights* folgte 1999 *Magnolia.* Jason Robards spielt den sterbenden Earl Partridge, einen ehemaligen TV-Produzenten, der als Vater und Ehemann kläglich versagt hat und noch ein letztes Mal seinen Sohn sehen möchte. Dieser, dargestellt von Tom Cruise, lebt von Workshops, in denen er schüchternen Männern beibringt, wie man Frauen aufreißt, nämlich mit Selbstbewusstsein und animalischer Maskulinität. Als er seinen Vater, der ihn weder geliebt noch geschätzt hat, auf dem Sterbebett sieht, bricht er zusammen. Seine Fassade, die er auf der Bühne mit großer Professionalität inszeniert, zerbröckelt. Übrig bleibt ein einsames, ungeliebtes Kind, das Anerkennung sucht, indem es ängstlichen Männern vormacht, sie könnten strahlende Ritter werden. In *Magnolia* wimmelt es nur so von Figuren, die mit Scham, Schuld und Versagen leben und sterben. Einzig der von Philip Seymour Hoffman gespielte Krankenpfleger, ein ruhiger, unscheinbarer und bescheidener Mensch, ist mit seinem Platz im Leben einigermaßen zufrieden.

Und wieder werden die meisten glauben, dass sie in keine dieser Kategorien gehören. Viele von uns sind hingebungsvolle und gewissenhafte Eltern; viele von uns üben einen respektablen Beruf aus, anstatt anderen Menschen Illusionen zu verkaufen; und viele von uns leben in guten Ehen und Beziehungen. Doch wer von uns kennt nicht das schmerzhafte Gefühl, dass wir in Wirklichkeit viel unsicherer sind, als wir zugeben? Auch wenn die Ausmaße des existenziellen Scheiterns in *Magnolia* extrem sind, die Themen sind uns nur allzu vertraut. Die Tiefen des Schmerzes, die Paul Thomas Anderson auslotet, werden die meisten von uns hoffentlich niemals kennenlernen, aber der Wert seines Werkes besteht darin, die Tragik, die in unsere Existenz unausweichlich eingebaut ist, in übersteigerter Form so darzustellen, dass wir uns einerseits doch etwas beschützter vorkommen als die Antihelden von *Boogie Nights* und *Magnolia*, dass wir uns andererseits in diesen Filmen aber doch wiedererkennen können.

Regisseure wie Scorsese und Anderson erinnern uns an das, was unsere Kultur so oft verdrängen will: Unsere Freiheit ist sowohl ein Geschenk als auch eine Aufgabe, an der wir ständig arbeiten müssen – obwohl wir letztendlich doch zum Scheitern verurteilt sind. Unsere Ambitionen und unsere Wünsche sind meist höher gesteckt als das, was wir im Leben erreichen können. Auch wenn wir kein abgrundtiefes Unglück erleben, werden wir als Ehegatten, Eltern, Kinder und in unseren Berufen immer wieder scheitern, und es gibt keine Möglichkeit, dem Schmerz des Alterns sowie der damit verbundenen Verluste zu entkommen. Die Illusion, das Glück sei der Normalfall und wir hätten darauf einen Anspruch, wird von diesen Werken wie eine Rauchwolke weggeblasen.

Mir geht es hier nicht darum, dass wir uns der existenziellen Tragik der Existenz stets bewusst sein sollten, als wären wir Figuren in einem Film von Ingmar Bergman. Genau deshalb wollen wir auch nicht jeden Abend Filme von Bergman, Scorsese oder Anderson sehen, sondern ab und an einfach nur unterhaltsame Blockbuster wie die Teile der *Mission-Impossible*-Serie, in denen die Spannung nicht aufwühlend ist, sondern harmlos und unterhaltsam – nicht zuletzt weil wir wissen, dass Tom Cruise nicht wie ein Häufchen Elend zusammenbrechen, sondern noch aus den gefährlichsten Situationen heil herauskommen wird. Ebenso wenig sollte ein existenzialistisches Freiheitsbewusstsein dazu führen, dass wir die Bourgeoisie wegen ihrer Uneigentlichkeit verachten, und ich plädiere auch nicht für permanenten tierischen Ernst – ganz im Gegenteil: Eine der großen Errungenschaften der westlichen Moderne besteht darin, dass wir mehr anspruchsvolle Unterhaltungsmöglichkeiten im Leben haben als irgendeine Generation vor uns. Wir können uns darüber amüsieren, wie Bill Maher in seinem Mockumentary *Religulous* genüsslich mit der Religion abrechnet; Jon Stewart hat uns viele Jahre lang mit brillanter politischer Satire versorgt. Woody Allen hat Sterblichkeit und Minderwertigkeitskomplexe in Komödien dargestellt, die uns nicht in Depression stürzen, sondern zum Lachen bringen. Und Sitcoms wie *Seinfeld* oder *Friends* nehmen viele unserer alltäglichen Ängste und Unsicherheiten zum Anlass für Gags. Im Gegensatz zu den Einwohnern vieler Staaten müssen wir im Westen keine Angst haben, wenn wir uns über Spitzenpolitiker lustig machen. Es gibt fast keine heiligen Kühe, die wir nicht kritisieren und ins Lächerliche ziehen könnten. Ich genieße die Arbeiten dieser Komiker sehr und denke, dass Woody Allen eine tiefe Einsicht ausdrückt, wenn er die Pose der ständigen existenziellen Misere ins Lächerliche zieht. Worauf ich hinauswill, ist, dass all das nur durch eine Zivilisationsleistung möglich geworden ist, die wir nicht als selbstverständlich betrachten dürfen. Die Freiheit zu lachen ist kein Konsumgut, das uns jemand schuldig ist, sondern eine zivilisatorische Errungenschaft, für deren Bewahrung wir eine Mitverantwortung tragen.

Freiheit als Disziplin

Das bringt uns zurück zum zentralen Thema dieses Essays: dem beunruhigenden Gefühl, der Westen verfüge nicht über die geistigen und kulturellen Mittel, um seine eigenen Grundwerte zu verteidigen. Anhand der Werke und Gedanken der Modernisten, der existenzialistischen Philosophie, der Existenzialpsychologie und anhand von Filmen von Regisseuren wie Martin Scorsese oder Paul Thomas Anderson habe ich herausgearbeitet, worin genau diese Schwäche des Westens besteht: Menschen brauchen ideologische Schutzschilde, um mit ihrer Endlichkeit und Verletzlichkeit leben zu können. Die freiheitliche Ordnung des Westens hingegen ist dadurch definiert, dass sie die Frage nach dem Großen Sinn ins Private verlagert hat. In einer freiheitlichen Ordnung kann und darf keine Institution, keine Gruppe und kein Einzelner ein Monopol auf diesen Sinn beanspruchen, jede Ausübung von Zwang in Glaubensfragen gilt als Verletzung unseres Grundrechts auf persönliche Freiheit. Aus existenzialpsychologischer Sicht ist diese Freiheit einerseits eine Errungenschaft, andererseits stellt sie eine Last dar. Anders als zu den Zeiten unserer Vorfahren ist es heute nicht länger möglich, irgendein Sinnsystem als selbstverständliche Gegebenheit zu akzeptieren. Das bedeutet zugleich, dass es die für die bestehenden Systeme, vor allem die Religionen, immer schwieriger wird, ihre ursprüngliche Schutzfunktion auszuüben. Für einen evangelikalen Gläubigen, einen radikalisierten Muslim oder einen nationalreligiös-ultraorthodoxen Juden mag noch relativ klar sein, dass es Dinge gibt, für die es sich zu sterben lohnt, weil man damit eine heilige Pflicht erfüllt. Doch um diesen Absolutheitsanspruch aufrechtzuerhalten, müssen solche Systeme von der Außenwelt abgeschottet werden: Fundamentalismen sind von der tiefen Angst beherrscht, ihre Anhänger könnten ihren Glauben sowie die Bereitschaft zum Gehorsam verlieren, wenn sie mit anderen Kulturen in Kontakt kommen – vor allem mit der des permissiven Westens. Dies hat bisweilen bizarre Folgen: So verbieten einige Strömungen des ultraorthodoxen Judentums ihren Mitgliedern die Nutzung des Internets. Das schafft natürlich praktische Probleme, schließlich sind viele ultraorthodoxe Juden bei ihrer Arbeit auf Smartphones und Computer angewiesen. Als Antwort darauf ist ein Markt für »koschere« Handys und PCs entstanden, die den Zugang zu »gefährlichen« Websites blockieren.

Wer nicht in einer solch abgeschotteten Welt lebt, muss mit dem Bewusstsein zurechtkommen, dass kein Glaubenssystem ein Monopol auf absolute Wahrheit beanspruchen kann. Auch die Naturwissenschaften fallen heute als Schutzschild aus, da sie spätestens seit den Entdeckungen, welche die Physik in der ersten Hälfte des 20. Jahrhunderts auf ein neues Fundament stellten, nicht länger den Anspruch erheben, ihre Erkenntnisse seien unumstößliche und endgültige Wahrheiten – vor allem aber, weil sie selbst nie die Absicht hatten, irgendeinen Sinn zu stiften.

Weltoffenen Menschen ist der Zugang zu immunisierenden Ideologien somit verwehrt, und für die Freiheit und den Pluralismus entrichten wir einen hohen psychologischen Preis. Der Rückzug so vieler Menschen ins Private sowie ihre Scheu, sich mit den großen Fragen auseinanderzusetzen, ist eine fast unumgängliche Begleiterscheinung der Pluralisierung der großen Weltanschauungssysteme. Das Resultat ist allerding, dass immer mehr westliche Bürger sich nicht länger in der Lage sehen, die freiheitliche Ordnung mit anderen Argumenten zu begründen und zu verteidigen als mit dem schnöden Hinweis auf ihre ökonomische Effizienz.

Kaum ein Denker des 20. Jahrhunderts hat das so deutlich gesehen wie der 1909 in Riga geborene Isaiah Berlin, der den Pluralismus ins Zentrum seiner politischen Philosophie gestellt hat. Berlin, der häufig als wichtigster liberaler Theoretiker des 20. Jahrhunderts bezeichnet wird, war immun gegen die Verheißungen des Kommunismus, den Faschismus betrachtete er als sicheren Weg ins Verderben. In gewisser Weise ist es dabei bezeichnend, dass Berlin kein Opus magnum geschrieben, sondern seine Gedanken in zahlreichen Essays immer wieder aus neuen Perspektiven entwickelt hat.

Berlin war ein Verfechter der Ideale der Aufklärung: Jeder Versuch, die Freiheit der Menschen einzuschränken, müsse genauestens auf seine Berechtigung hin geprüft werden. Zugleich insistierte er jedoch darauf, dass die Aufklärung keinesfalls als Erlösungstheologie missverstanden werden dürfe. Sonst, so seine Befürchtung, werde sie zur Suche nach einer »final solution«, wie er es in seiner berühmten Vorlesung »Zwei Freiheitsbegriffe« aus dem Jahr 1958 formulierte. Den moralischen und erkenntnistheoretischen Kern der liberalen politischen Theorie stellte für Berlin die Annahme dar, dass wir allenfalls versuchen können, so menschlich und gleichzeitig so pragmatisch und effektiv zu handeln wie möglich. In einer der bemerkenswertesten Passagen der modernen politischen Philosophie schreibt Berlin:

> Ein Glaube ist mehr als jeder andere für das Abschlachten von Individuen auf dem Altar der großen historischen Ideen verantwortlich – Gerechtigkeit oder Fortschritt oder das Glück zukünftiger Generationen oder die heilige Mission oder Emanzipation einer Nation oder Rasse oder Klasse, ja, sogar die Freiheit selbst, die das Opfer einzelner Individuen im Namen der Freiheit der Gesellschaft verlangt. Es ist der Glaube, dass es irgendwo, in der Vergangenheit oder in der Zukunft, in einer göttlichen Offenbarung oder im Geist eines einzelnen Denkers, in den

> Verkündigungen der Geschichte oder der Wissenschaft oder im einfachen Herzen eines nicht korrumpierten, guten Menschen eine endgültige Lösung [im Original »final solution«, CS] geben könnte. Dieser uralte Glaube gründet auf der Überzeugung, dass all die positiven Werte, an die die Menschen geglaubt haben, am Ende kompatibel sein und einer den anderen womöglich nach sich ziehen müsse. »Die Natur verbindet Wahrheit, Glück und Tugend wie durch eine unauflösbare Kette miteinander«, sagte einer der besten Männer, die je gelebt haben.[80]

Den Begriff »final solution« verwendete Berlin 1958 keineswegs zufällig oder naiv: Die Erinnerung an die »Endlösung« der Nazis war dafür noch viel zu wach. Jeder Versuch, eine Heilslehre zu formulieren, war für Berlin nichts als ein Schritt auf dem Weg in die nächste Katastrophe. John Gray sieht in Isaiah Berlin denn auch den vielleicht einzigen wirklich konsequent liberalen Denker, und zwar gerade weil er keine Erlösungsbotschaft verkündet hat.[81] Gray bezeichnet Berlins Position als »agonalen Pluralismus«.

Berlin ging davon aus, dass moralische und politische Werte zwar objektive Gültigkeit haben, dass sie aber stets miteinander im Konflikt liegen. Sein klassisches Beispiel war folgendes: Das Streben nach Chancengleichheit schränkt notwendigerweise die Freiheit eines Teils der Menschen ein – und umgekehrt gilt genau dasselbe: Die Freiheit schränkt notwendigerweise den Anspruch mancher auf Chancengleichheit ein. Deshalb betrachtete Berlin alle Heilslehren schon rein logisch als unmöglich, da es schlicht keine politische Ordnung gebe, die nicht einen gewissen Preis erfordern würde. Berlin hat die katastrophalen Folgen des Marktfundamentalismus nicht mehr erlebt, aber die Idee, der Markt sei das Heilmittel für alle Probleme, wäre ihm nicht weniger absurd vorgekommen als die kommunistische Utopie. Für ihn war das Projekt der Freiheit permanent gefährdet, da es immer nur partiell erfolgreich sein konnte:

Es mag sein, dass das Ideal der Freiheit, sich für bestimmte Ziele zu entscheiden, ohne dabei den Anspruch zu erheben, sie besäßen ewige Gültigkeit, sowie der damit verbundene Wertepluralismus nur die späte Frucht unserer im Niedergang begriffenen kapitalistischen Zivilisation ist: ein Ideal, das längst vergangene Zeitalter und primitive Gesellschaften nicht gekannt haben und das die Nachwelt mit Neugier, ja vielleicht sogar mit Sympathie, aber ohne großes Verständnis betrachten wird. Das mag sein; aber daraus lassen sich aus meiner Sicht keine skeptischen Schlussfolgerungen ziehen. Prinzipien sind nicht weniger heilig, weil wir nicht garantieren können, dass sie ewig Bestand haben werden. Ja, schon der Wunsch, die Garantie zu haben, dass unsere Werte ewig sind und einen sicheren Platz in einem objektiven Himmel haben, ist vielleicht nur Ausdruck unserer Sehnsucht nach den Gewissheiten der Kindheit oder den absoluten Werten unserer archaischen Vergangenheit. »Die relative Gültigkeit der eigenen Überzeugungen zu erkennen«, sagte ein bewundernswerter Autor unserer Zeit, »und dennoch entschlossen für sie einzutreten, das ist es, was einen zivilisierten Menschen von einem Barbaren unterscheidet«. Mehr zu verlangen als das, geht wahrscheinlich auf ein tiefes, unheilbares metaphysisches Bedürfnis zurück; aber zuzulassen, dass es unser Handeln bestimmt, ist ein Symptom einer ebenso tiefen und gefährlicheren moralischen und politischen Unreife.[82]

Damit kam Berlin der Position Freuds (den er persönlich nicht leiden konnte und dessen Theorie er nicht mochte) sehr nahe: Der Hinweis des Philosophen, die Einsicht in die relative Gültigkeit aller Werte sei ein Zeichen moralischer Reife, findet seine Entsprechung in der Erkenntnis des Psychoanalytikers, das Ziel jeder Therapie könne lediglich ein »Mehr von seelischer Freiheit« sein. Sowohl Freud als auch Berlin waren überzeugte Verfechter der liberalen Idee, eine endgültige Antwort auf die Frage nach dem Großen Sinn sei in der Moderne nicht länger zu haben.

Auch ich glaube nicht, dass irgendein Zaubertrick existiert, mit dessen Hilfe wir uns den Preis, den wir für unsere Freiheit entrichten mussten, zurückerstatten lassen können. Daran ändern auch all die Erlösungsideen nichts, die auf dem Markt zirkulieren und die mit immer neuen Versprechen Millionen von Menschen in ihren Bann ziehen, man denke nur an den Techno-Utopismus von Transhumanisten wie Ray Kurzweil.[83] Mein Plädoyer für die westliche Moderne akzeptiert die kompromisslosen Forderungen Sigmund Freuds und Isaiah Berlins, regressiven Erlösungsfantasien und Fundamentalismen jeder Couleur eine Absage zu erteilen. In der oben angeführten Stelle zitiert Isaiah Berlin den großen Wirtschaftswissenschaftler und Sozialtheoretiker Joseph Schumpeter: »Die relative Gültigkeit der eigenen Überzeugungen zu erkennen und dennoch entschlossen für sie einzutreten, das ist es, was einen zivilisierten Menschen von einem Barbaren unterscheidet.« Schumpeters Worte scheinen mir heute relevanter denn je: Zum einen werden wir Zeugen einer Wiedergeburt der Barbarei, wenn Terrororganisationen wie der Islamische Staat oder Boko Haram ganze Regionen destabilisieren, wenn in Saudi-Arabien Blogger und Intellektuelle gefoltert und weggesperrt werden, wenn in mehrheitlich hinduistischen Regionen Indiens oder im buddhistischen Myanmar Muslime massakriert werden. Zum anderen haben Autoren wie Michel Houellebecq, John Gray und David Foster Wallace wieder und wieder darauf hingewiesen, dass die Menschen im Westen immer weniger dazu in der Lage sind, mit den existenziellen Aufgaben und Dilemmata der Gegenwart umzugehen. Die Vorstellung, man müsse sich für die Freiheit anstrengen, weckt in unserer Gesellschaft keinen Enthusiasmus mehr. Anstrengung für die Karriere, ja; im Sport, in Ordnung. Aber für die Freiheit und die Sicherung der kulturellen Grundlagen, die für ihre Aufrechterhaltung nötig sind?

Die Vorstellungen, Freiheit erschöpfe sich in der Wahlmöglichkeit zwischen Produkten und das Glück stehe uns einfach so zu, haben dafür gesorgt, dass die Idee, man müsse an sich arbeiten, um als Mensch autonom zu werden, aus der Mode gekommen ist. Dabei ist diese Idee heute nicht weniger bedeutend als zu ihrer Blütezeit im bürgerlichen 19. und in der ersten Hälfte des 20. Jahrhunderts – im Gegenteil: In der westlichen Welt hat heute fast die Hälfte der jungen Erwachsenen das Privileg, eine Hochschule besuchen zu können, sie scheinen allerdings vergessen zu haben, dass eine universitäre Ausbildung auch der Erziehung zur staatsbürgerlichen Verantwortung dienen sollte.

Die Geschichte des Westens war kein linearer Siegeszug der Wahrheit und Gerechtigkeit: Bis in die sechziger Jahre hinein war die Rassentrennung in den USA legal, die Schweiz brauchte allen Ernstes bis 1971, um das Frauenwahlrecht einzuführen, noch in den siebziger Jahren existierten in Europa Militärdiktaturen, und auch in der Gegenwart gibt es unzählige Missstände: von Guantánamo über Geschäfte mit afrikanischen Diktatoren, die Ausbeutung von Bodenschätzen durch multinationale Konzerne bis hin zu den unmenschlichen Produktionsbedingungen in den chinesischen Sweatshops, wo unsere Smartphones und Turnschuhe hergestellt werden. Der Westen ist nach wie vor weit davon entfernt, seinen eigenen Ansprüchen zu genügen.

Die Geschichte der freiheitlichen Ordnung muss daher mit all ihren Abwegen, moralischen Verfehlungen und intellektuellen Irrtümern erzählt werden. Condorcet, Hegel, Marx, Spencer und die vielen anderen, die diese Geschichte als die unausweichliche Selbstverwirklichung der Vernunft erzählten, haben die Aufklärung als Heilslehre missdeutet, die dazu bestimmt war, sämtliche Probleme ein für alle Mal zu lösen. Doch genau das sollte und konnte die freiheitliche Ordnung nie leisten. Was sie wesentlich kennzeichnet, sind die Offenheit für Kritik und der Wille, sich immer wieder von der empirischen Realität korrigieren zu lassen – ein Idealzustand, den Karl Popper als »offene Gesellschaft« bezeichnet hat.[84] Die Entwicklung der freiheitlichen Ordnung darf also keinesfalls im Stil einer Hagiografie verkündet werden; stattdessen muss sie als das Abenteuer des fortwährenden Versuches erzählt werden, mit der komplexen menschlichen Existenz sinnvoll, gerecht und rational umzugehen – als ein Versuch, dessen erfolgreicher Ausgang nie garantiert werden kann. Und gerade weil der Liberalismus – die erste Hälfte des 20. Jahrhunderts hat das aufs Schrecklichste demonstriert – auch zerbrechen kann, ist die Konsummentalität vieler Menschen so problematisch. Der Westen, wie wir ihn kennen, wird nicht überleben, wenn seine Bewohner glauben, die freiheitliche Ordnung sei ein unumstößliches Naturgesetz wie die Schwerkraft, und wenn der durch sie eröffnete Freiraum allein als Spielraum für Karriere und Unterhaltung betrachtet wird. Stattdessen müssen wir die nachwachsenden Generationen so erziehen, dass sie bereit sind, für liberale Grundwerte zu kämpfen.

In den letzten zwei Jahrzehnten ist eine Fülle hervorragender Werke entstanden, deren Autorinnen und Autoren darauf bestehen, dass das Ideal der Erziehung zur Freiheit nicht über Bord geworfen werden darf. Jürgen Habermas, Martha Nussbaum, Charles Taylor, Peter Gay, Jonathan Israel und andere haben überzeugend dargelegt, dass die freiheitliche Kultur nur gerettet werden kann, wenn es uns gelingt, Studentinnen und Studenten die intellektuellen Mittel an die Hand zu geben, die notwendig sind, um sich die westliche Tradition kritisch anzueignen. Sie betonen, dass wir auf keinen Fall den Imperativen des neoliberalen Denkens nachgeben dürfen, das alles nur anhand ökonomischer Kriterien beurteilt und das viele Studierende dazu gebracht hat, dass sie nur noch spezialisiertes

Fachwissen erwerben wollen, mit dessen Hilfe sie später einen lukrativen Job ergattern können.

Was ist Wissen? Was ist Gerechtigkeit? Wie verhalten sich Glauben und Wissen zueinander? Was zeichnet legitime politische, religiöse oder wissenschaftliche Autorität aus? Und wie kann man verhindern, dass Autorität sich in ein totalitäres System verwandelt?[85] Die Vermittlung von Grundgedanken der freiheitlichen Kultur lässt sich sehr wohl in ein universitäres Curriculum integrieren, wie ich in drei Jahrzehnten als Dozent persönlich erfahren habe. Immer wieder berichten mir Studenten, dass sie sich nach Kursen zu diesen Themen in ihrer kulturellen und politischen Identität gestärkt fühlen und dass sie die intellektuellen Mittel zur kritischen Diskussion dieser Fragen erworben haben. Die Kurse haben zudem den Effekt, dass die Studierenden die freiheitliche Ordnung nicht länger als ein Konsumgut verstehen, sondern als ein Erbe, das wir uns immer wieder neu aneignen müssen, wenn wir Herausforderungen wie Terrorismus, Bevölkerungsrückgang oder ökologische Katastrophen bewältigen wollen.

Ein solches Curriculum ist natürlich anspruchsvoll: Die grundlegenden Texte sind nicht in der Kurzsprache von Whatsapp-Nachrichten und Twitter-Tweets verfasst, die Vertiefung in die entsprechende Literatur erfordert eine Form der Konzentration, die heute nicht mehr selbstverständlich ist. Zudem setzt die Auseinandersetzung mit klassischen Werken Wissen über den historischen Kontext voraus, dessen Aneignung seinerseits sehr viel Zeit und intellektuelle Energie notwendig macht. In der neoliberalen Sprache der Effizienz und des Wachstums lässt sich dieser Aufwand kaum rechtfertigen, da sich daraus keine unmittelbaren Karrierevorteile oder Produktivitätssteigerungen ergeben. Aus diesem Grund stehen die Geisteswissenschaften in der Gegenwart überall in der westlichen Welt unter Beschuss. Das Argument, dass die liberale Demokratie letztlich von der Qualität des öffentlichen Diskurses und diese wiederum vom Bildungsstand der Bürger abhängt, klingt heute oft altmodisch und viel zu abstrakt.

Ob Houellebecqs Behauptung, der Westen sei nicht länger überlebensfähig, oder Grays Befürchtung, wir seien dabei, unseren eigenen Untergang herbeizuführen, zutreffen, kann weder apodiktisch bejaht noch verneint werden. Doch wer die westliche Moderne wegen ihrer mannigfaltigen Probleme einfach verdammt und denkt, sie versinke in einem Sumpf aus seichter Unterhaltung und maßlosem Konsum, hat nicht verstanden, dass es nie eine Garantie für ein erfolgreiches Ende des Abenteuers Freiheit gegeben hat. Der Liberalismus ist keine Heilslehre, mit der ein Paradies auf Erden geschaffen werden soll. Angesichts der barbarischen Alternativen sehe ich in der Kompetenz, mit den Entbehrungen der Freiheit zu leben, jedoch eine großartige zivilisatorische Errungenschaft. Es hängt von uns ab, ob es gelingt, den nachfolgenden Generationen die Fähigkeit zu vermitteln, den Schmerz der Freiheit auszuhalten und die Schönheit des Abenteuers Freiheit zu erkennen.

Anmerkungen und Nachweise

Vorwort
Ist die westliche Kultur noch zu retten?

1 Ich benutze den Begriff »romantisch« in dem Bewusstsein, dass die historische Romantik ganz unterschiedliche Strömungen umfasst, von denen ich hier nur eine hervorhebe; vgl. für Details Carlo Strenger, »The classic and the romantic vision in psychoanalysis«, in: *International Journal of Psycho-Analysis* 70 (1989), S. 593-61.

2 Pierre Hadot, *Philosophie als Lebensform: Geistige Übung in der Antike*, Berlin: Verlag Mathias Gatza 1991.

3 Vgl. für eine ausführlichere Analyse der klassischen Position sowie zu Freud als deren Vertreter Strenger, »The classic and the romantic vision in psychoanalysis«, a. a. O.

4 Isaiah Berlin, »Zwei Freiheitsbegriffe«, in: ders., *Freiheit. Vier Versuche*, Frankfurt am Main: Fischer 2006 [1958].

Teil I
Die Illusion der Glücksberechtigung

5 Den Ausdruck »Liberalismus« verwende ich nicht im Sinne der heute oft üblichen Verengung auf die ökonomische Dimension, sondern als Synonym für »freiheitliche Ordnung«. Ich bezeichne damit die Ideen, die von Autoren von Thomas Hobbes bis John Stuart Mill entwickelt wurden.

6 Niall Ferguson, *Krieg der Welt: Was ging schief im 20. Jahrhundert?*, Berlin: Propyläen 2006.

7 Vgl. für eine ausführlichere Diskussion Carlo Strenger, *Die Angst vor der Bedeutungslosigkeit: Das Leben in der globalisierten Welt sinnvoll gestalten*, Gießen: Psychosozial-Verlag 2016 [2011]. Dort zeige ich auch, dass sich eine Populärpsychologie entwickelt hat, die diesen Mythos am Leben erhält; vgl. dazu die brillanten Analysen von Eva Illouz, etwa *Die Errettung der modernen Seele. Therapien, Gefühle und die Kultur der Selbsthilfe*, Berlin: Suhrkamp 2011 [2008].

8 David Foster Wallace, *Unendlicher Spaß*, Köln: Kiepenheuer & Witsch 2009 [1996].

9 Benjamin Barber, *Consumed! Wie der Markt Kinder verführt, Erwachsene infantilisiert und die Demokratie untergräbt*, München: C. H. Beck 2008.

10 Éric Zemmour, *Le suicide français*, Paris: Albin Michel 2014.

11 Silvain Bourmeau, »›Eine islamische Partei ist eigentlich zwingend‹«, Interview mit Michel Houellebecq, in: *Die Welt* (3. Januar 2015), online verfügbar unter: {http://www.welt.de/kultur/literarischewelt/article135972657/Eine-islamische-Partei-ist-eigentlich-zwingend.html} (Stand Oktober 2016).

12 Barber, *Consumed!*, a. a. O.

13 Christopher Lasch, *The Revolt of the Elites and the Betrayal of Democracy*, New York: Norton 1994.

14 David Brooks, *The Road to Character*, New York: Allen Lane 2015.

15 Robert Putnam, *Bowling Alone. The Collapse and Revival of American Community*, New York: Simon and Schuster 2001.

16 Alain Finkielkraut, *Die Undankbarkeit: Gedanken über unsere Zeit*, Berlin: Ullstein 2001.

17 Emmanuel Todd, *Wer ist Charlie? Die Anschläge von Paris und die Verlogenheit des Westens*, München: C. H. Beck 2015.

18 *Streit um Werte*, herausgegeben von Lawrence E. Harrison und Samuel P. Huntington, München: Goldmann 2004.

19 Vgl. insbesondere John Gray, *Politik der Apokalypse: Wie Religion die Welt in die Krise stürzt*, Stuttgart: Klett-Cotta 2007.

20 Robert Jay Lifton, *The Broken Connection: On Death and the Continuity of Life*, Washington, D. C.: American Psychological Association 1996.

21 Natürlich ist diese Aussage eine Verallgemeinerung. Während die meisten Bürger immer passiver werden, sind viele zivilgesellschaftliche Initiativen und Nichtregierungsorganisationen – von Greenpeace bis Ärzte ohne Grenzen – entstanden, in denen Menschen enormes Verantwortungsgefühl für ihre Mitbürger und die Menschheit insgesamt zeigen. Leider deuten Benjamin Barbers Befunde darauf hin, dass es sich dabei eher um bewundernswerte Ausnahmen handelt.

22 Herbert Marcuse, *Triebstruktur und Gesellschaft. Ein philosophischer Beitrag zu Sigmund Freud*, Frankfurt am Main: Suhrkamp 1995 [1955].

23 Norman O. Brown, *Life against Death*, Middletown: Wesleyan University Press 1959.

24 Stanislav Grof, *Das Abenteuer der Selbstentdeckung. Heilung durch veränderte Bewußtseinszustände. Ein Leitfaden*, Reinbek: Rowohlt 1984.

25 Je nach Zählweise kommt man auf 70 bis 400 unterschiedliche psychotherapeutische Methoden, vgl. dazu Raymond J. Corsini, *Handbook of Innovative Psychotherapies*, Bd. 86, Hoboken: Wiley 1981.

26 Donald Winnicott, *Reifungsprozesse und fördernde Umwelt*, Gießen: Psychosozial-Verlag 2006 [1965].

27 Heinz Kohut, *Narzißmus: Eine Theorie der psychoanalytischen Behandlung narzißtischer Persönlichkeitsstörungen*, Frankfurt am Main: Suhrkamp 1976 [1971].

28 Strenger, »The classic and the romantic vision in psychoanalysis«, a. a. O.

29 Alice Miller, *Das Drama des begabten Kindes und die Suche nach dem wahren Selbst*, Frankfurt am Main: Suhrkamp 1979.

30 Arthur Janov, *Der Urschrei. Ein neuer Weg der Psychotherapie*, Frankfurt am Main: Fischer 1975 [1970].

31 Siehe zum Beispiel Marianne Leuzinger-Bohleber, *Frühe Kindheit als Schicksal? Trauma, Embodiment und Soziale Desintegration. Psychoanalytische Perspektiven*, Stuttgart: Kohlhammer 2009.

32 Alice Millers Sohn Martin berichtet in seinen Memoiren, dass seine Mutter genau die Sünden, die sie immer wieder angeprangert hatte, an ihm beging; Martin Miller, *Das wahre »Drama des begabten Kindes«*, Freiburg: Herder 2013.

33 Hingewiesen sei an dieser Stelle auf ausgezeichnete Arbeiten wie Charles Taylor, *Quellen des Selbst. Die Entstehung der neuzeitlichen Identität*, Frankfurt am Main: Suhrkamp 1996 [1992], insbes. Teil II; Werner Jaeger, »The Greek idea of immortality. The Ingersoll Lecture«, in: *Harvard Theological Review* II (1959), S. 135-147.

Teil II
Modernistische Tragiker: Freiheit als Disziplin

34 Inzwischen gibt es eine ganze Reihe hervorragender Werke über zahlreiche Aspekte des Modernismus; vgl. u. a. Carl E. Schorske, *Wien. Geist und Gesellschaft im Fin de Siècle*, Frankfurt am Main: Fischer 1982,

Allan Janik und Stephen Toulmin, *Wittgensteins Wien*, Wien: Döcker 1998 [1973], Peter Gay, *Die Moderne. Eine Geschichte des Aufbruchs*, Frankfurt am Main: Fischer 2010, Roberto Calasso, *Der Traum Baudelaires*, München: Hanser 2012 [2008], Philipp Blom, *Der taumelnde Kontinent: Europa 1900-1914*, München: Hanser 2009, ders., *Die zerrissenen Jahre: 1918-1938*, München: Hanser 2014.

35 Gay, *Die Moderne*, a. a. O., Kapitel 2.

36 Charles Baudelaire, *Die Blumen des Bösen*, Frankfurt am Main: Insel Verlag 1976 [1861], S. 9.

37 Vor einigen Jahren hat der Neurowissenschaftler Eric Kandel in einem faszinierenden Buch gezeigt, dass die heutigen kognitiven Neurowissenschaften ihre Wurzeln im Wiener Modernismus des späten 19. und frühen 20. Jahrhunderts haben; vgl. Eric Kandel, *Das Zeitalter der Erkenntnis: Die Erforschung des Unbewussten in Kunst, Geist und Gehirn von der Wiener Moderne bis heute*, München: Siedler 2012.

38 Blom, *Der taumelnde Kontinent*, a. a. O.

39 Arthur C. Danto, »Lucian Freud«, in: ders., *The Madonna of the Future: Essays in a Pluralistic Art World*, Berkeley/Los Angeles/London: University of California Press 2001, S. 29-39.

40 Camille Paglia, *Die Masken der Sexualität*, Berlin: Byblos Verlag 1994 [1991].

41 Ray Kurzweil, *Menschheit 2.0: Die Singularität naht*, Berlin: Lola Books 2006.

42 Sheldon Solomon, Jeff Greenberg und Tom Pyszczynski, *The Worm at the Core: On the Role of Death in Life*, New York: Random House 2015.

43 Strenger *Die Angst vor der Bedeutungslosigkeit*, a. a. O.

44 Illouz, *Die Errettung der modernen Seele*, a. a. O.

45 Joyce McDougall, *Plädoyer für eine gewisse Anormalität*, Frankfurt am Main: Suhrkamp 1989 [1980].

46 Eva Illouz, *Warum Liebe weh tut. Eine soziologische Erklärung*, Berlin: Suhrkamp 2012. Illouz legt vor allem Gewicht auf die Erfahrung von Frauen, aber ich denke, dass viele ihrer Argumente auf Männer genauso zutreffen.

47 Diese Variante habe ich ausführlich an anderer Stelle diskutiert. Siehe Strenger, *Die Angst vor der Bedeutungslosigkeit*, a. a. O.

48 Ebd., Kapitel 2.

49 David Brooks, *Die Bobos. Der Lebensstil der neuen Elite*, Berlin: Ullstein 2001.

50 Carlo Strenger, *The Designed Self: Psychoanalysis and Contemporary Identities*, London: Routledge 2004.

51 Ebd. und Strenger, *Die Angst vor der Bedeutungslosigkeit*, a. a. O.; vgl. auch Illouz, *Warum Liebe weh tut*, a. a. O.

52 Der Hauptgrund dafür, dass Freuds spezifische evolutionäre Hypothesen heute kaum noch eine Rolle spielen, ist, dass Freud Lamarckist war, d. h., er ging davon aus, dass individuelle Lebenserfahrungen im Genmaterial weitergegeben werden. Dies ist einerseits insofern historisch verständlich, als der Konkurrenzkampf der beiden großen evolutionären Ansätze (Darwinismus und Lamarckismus) erst in den zwanziger Jahren zugunsten Darwins entschieden wurde; andererseits bekommen Freuds Hypothesen damit einen leicht anachronistischen Beigeschmack: Sie sind historisch interessant, aber für die Wissenschaft von der menschlichen Natur nicht mehr relevant; vgl. für Details Frank J. Sulloway, *Freud: Biologe der Seele. Jenseits der psychoanalytischen Legende*, Stuttgart: Hohenheim Verlag 1985 [1979], und Carlo Strenger, *Freud's Legacy in the Global Era*, London: Routledge 2015.

53 Eric Kandel, *Psychiatrie, Psychoanalyse und die neue Biologie des Geistes*, Frankfurt am Main: Suhrkamp 2006.

54 Henri Ellenberger, *Die Entdeckung des Unbewussten: Geschichte und Entwicklung der dynamischen Psychiatrie von den Anfängen bis zu Janet, Freud, Adler und Jung*, 2 Bde., Bern: Huber 1973.

55 Sigmund Freud, »Bemerkungen über die Übertragungsliebe«, in: ders., *Gesammelte Werke*, Band X: *Werke aus den Jahren 1913-1917*, Frankfurt am Main: Fischer 1991 [1914], S. 319-320.

56 Sigmund Freud und Josef Breuer, *Studien über Hysterie*, in: Sigmund Freud, *Gesammelte Werke*, Band I: *Werke aus den Jahren 1892-1899*, Frankfurt am Main: Fischer 1999 [1895], S. 311-312..

57 Strenger, *Freud's Legacy in the Global Era*, a. a. O.

58 Daniel Gilbert, *Ins Glück stolpern: Über die Unvorhersehbarkeit dessen, was wir uns am meisten wünschen*, München: Riemann 2007.

59 Daniel Kahneman und Angus Deaton, »High income improves evaluation of life, but not well being«, in: *Proceedings of the American Academy of Science* 107/38 (2010), S. 16489-16493.

60 Barry Schwartz kommt zu ähnlichen Ergebnissen; vgl. ders., *The Paradox of Choice: Why More is Less*, New York: Ecco 2004; auch der Nobelpreisträger Daniel Kahneman und andere haben gezeigt, dass die menschliche Natur für stabiles Glück einfach nicht gemacht ist; vgl. dazu

Daniel Kahneman, »Objective happiness«, in: *Well-Being: The Foundations of Hedonic Psychology*, herausgegeben von dems., El Diener und Norbert Schwarz, New York: Russell Sage Foundation 2003, S. 3-25.

61 Bernard-Henri Lévy, *Sartre. Der Philosoph des 20. Jahrhundert*, München: Hanser 2002.

62 Vgl. für eine umfassendere Analyse dieser Thematik Carlo Strenger, *Individuality, the Impossible Project: Psychoanalysis and Self-Creation*, Madison: International Universities Press 1998.

63 In einer beeindruckenden Studie, die zu großen Teilen auf Karl Jaspers' Philosophie beruht, hat Louis A. Sass diesen Gedanken sehr überzeugend ausgeführt; vgl. Louis A. Sass, *Madness and Modernism. Insanity in the Light of Modern Art, Literature, and Thought*, New York: Basic Books 1993.

64 Jean-Paul Sartre, *Das Sein und das Nichts. Versuch einer phänomenologischen Ontologie*, Reinbek bei Hamburg: Rowohlt 1993 [1943].

65 Martin Heidegger, *Sein und Zeit*, Tübingen: Mohr 1927.

66 Thomas Assheuer, »›Er schreibt vom Rasseprinzip‹«, in: *Zeit Online* (27. Dezember 2013), online verfügbar unter: {http://www.zeit.de/2014/01/heidegger-antisemitismus-nachlass-schwarze-hefte/komplettansicht} (Stand Oktober 2016).

67 Martin Heidegger (2014), Überlegungen *XII–XV (Schwarze Hefte 1939–1941)*, in: ders., *Gesamtausgabe*, Band 96, Frankfurt am Main: Vittorio Klostermann.

68 Ernest Becker, *The Denial of Death*, New York: Free Press 1974.

69 Otto Rank, *Seelenglaube und Psychologie. Eine prinzipielle Untersuchung über Ursprung, Entwicklung und Wesen des Seelischen*, Leipzig/Wien: Franz Deuticke 1930.

70 Solomon/Greenberg/Pyszczynski, *The Worm at the Core*, a. a. O.

71 Jeff Greenberg, Sander L. Koole und Tom Pyszczynski (Hg.), *Handbook of Experimental Existential Psychology*, New York: Guilford Press 2004.

72 Jeff Greenberg, Tom Pyszczynski und Sheldon Solomon, *In the Wake of 9/11: Rising Above the Terror*, Washington, D. C.: American Psychological Association 2003.

73 Der US-amerikanische Anthropologe Scott Atran arbeitet seit Jahren an einem Modell, das dieses Phänomen erklären soll; vgl. Scott Atran, *Talking to the Enemy: Faith, Brotherhood, and the (Un)Making of Terrorists*, New York: HarperCollins 2010.

74 Interessanterweise verfolgen nicht nur Männer dieses Ziel. Scott Atrans Mitarbeiterin Lydia Wilson erforscht das faszinierende Phänomen von Frauen, die sich, obwohl sie häufig gar nicht muslimisch erzogen wurden, dem IS anschließen, weil sie glauben, dort Sinn, Heimat und Männer zu finden, die sie als stark betrachten.

75 Amartya Sen, *Die Identitätsfalle: Warum es keinen Krieg der Kulturen gibt*, München: DTV 2010 [2006].

76 Hans-Peter Müller, »Europas Jugend und der Jihad. Faszination, die ihren Preis haben muss«, in: *Neue Zürcher Zeitung* (20. November 2014), online verfügbar unter: {http://www.nzz.ch/feuilleton/europas-jugend-und-der-jihad-1.18428076} (Stand Oktober 2016).

77 Eric Voegelin, *Die politischen Religionen*, Paderborn: Wilhelm Fink 2007 [1935], 3. Auflage.

78 Carlo Strenger, *Zivilisierte Verachtung. Eine Anleitung zur Verteidigung unserer Freiheit*, Berlin: Suhrkamp 2015.

79 David Thompson, *Scorsese on Scorsese*, London: Faber and Faber 2004, überarbeitete Fassung.

80 Berlin, »Zwei Freiheitsbegriffe«, a. a. O., S. 250.

81 John Gray, *Isaiah Berlin. Interpretation of his Thought*, Princeton: Princeton University Press 1995.

82 Berlin, »Zwei Freiheitsbegriffe«, S. 255.

83 Für eine ausführlichere Behandlung siehe Strenger, *Die Angst vor der Bedeutungslosigkeit*, a. a. O., insbes. Kapitel 2 und 3.

84 Karl Raimund Popper, *Die offene Gesellschaft und ihre Feinde*, Tübingen: A. Francke 1970 [1945].

85 Diese Fragen wurden natürlich nicht nur im christlichen Abendland behandelt, sondern auch in der großen arabischen Tradition des politischen und philosophischen Denkens, insbesondere vom 10. bis ins 14. Jahrhundert. Parallel zu diesen Überlieferungen, die von der hellenistischen Klassik beeinflusst waren, entwickelten sich die konfuzianische Kultur, die bis heute das chinesische Denken prägt, und die indische Philosophie, die zahlreiche Gemeinsamkeiten mit der europäischen, vor allem der klassischen griechischen Philosophie aufweist.

Carlo Strenger
Zivilisierte Verachtung
Eine Anleitung zur Verteidigung unserer Freiheit
104 Seiten
€ 10,00 [D] / € 10,30 [A]
ISBN 978-3-518-07441-1
Auch als eBook erhältlich

Ein Vierteljahrhundert nach dem Mauerfall ist klar, dass das Ende der Geschichte weiterhin auf sich warten lässt. Stattdessen wirft ein anderes Ereignis aus dem Jahr 1989 lange Schatten: 26 Jahre nach der Fatwa gegen Salman Rushdie stellt uns der Anschlag auf das Satiremagazin *Charlie Hebdo* einmal mehr vor die Frage, wie der Westen selbstbewusst für seine Werte eintreten kann – ob nun gegen Fundamentalisten, Populisten oder die antiwestliche Rhetorik eines Wladimir Putin. In dieser Situation plädiert Carlo Strenger für eine Haltung der zivilisierten Verachtung, mit der das aufklärerische Toleranzprinzip wieder vom Kopf auf die Füße gestellt wird: Anstatt jede Glaubens- und Lebensform diskursiv mit Samthandschuhen anzufassen, müssen wir uns daran erinnern, dass nichts und niemand gegen wohlbegründete Kritik gefeit sein darf.

»Ein schöner, leidenschaftlicher Essay.«
Gustav Seibt, Süddeutsche Zeitung

Jan-Werner Müller
Was ist Populismus?
Ein Essay
160 Seiten
€ 15,00 [D] / € 15,50 [A]
ISBN 978-3-518-07522-7
Auch als eBook erhältlich

Wer wird heute nicht alles als Populist bezeichnet: Gegner der Eurorettung, Figuren wie Donald Trump, Marine Le Pen und Politiker des Mainstream, die meinen, dem Volk aufs Maul schauen zu müssen. Vielleicht ist ein Populist aber auch einfach nur ein populärer Konkurrent, dessen Programm man nicht mag, wie Ralf Dahrendorf einmal anmerkte? Lässt sich das Phänomen schärfer umreißen und seine Ursachen erklären? Worin besteht der Unterschied zwischen Rechts- und Linkspopulismus? Jan-Werner Müller nimmt aktuelle Entwicklungen zum Ausgangspunkt, um eine Theorie des Populismus zu skizzieren und Populismus letztlich klar von der Demokratie abzugrenzen. Seine Thesen helfen zudem, neue Strategien in der Auseinandersetzung mit Populisten zu entwickeln.

»Jan-Werner Müllers kluges, klar geschriebenes Buch ist eine hervorragende Diskussionsgrundlage und ein Gewinn für alle, die nach wie vor an den Wert der Demokratie glauben möchten.« *Jenny Friedrich-Freksa, Philosophie Magazin*